누가 예수를 괴롭히는가

누가 예수를 괴롭히는가

초판발행일 | 2018년 11월 30일

지은이 | 김상현
펴낸곳 | 도서출판 황금알
펴낸이 | 金永馥

주간 | 김영탁
편집실장 | 조경숙
인쇄제작 | 칼라박스
주소 | 03088 서울시 종로구 이화장2길 29-3, 104호(동숭동)
전화 | 02) 2275-9171
팩스 | 02) 2275-9172
이메일 | tibet21@hanmail.net
홈페이지 | http://goldegg21.com
출판등록 | 2003년 03월 26일 (제300-2003-230호)

ⓒ2018 김상현 & Gold Egg Publishing Company. Printed in Korea

값은 뒤표지에 있습니다.

ISBN 979-11-89205-23-2-03230

*이 책 내용의 전부 또는 일부를 재사용하려면 반드시 저작권자와 황금알 양측의
  서면 동의를 받아야 합니다.
*잘못된 책은 바꾸어 드립니다.
*저자와 협의하여 인지를 붙이지 않습니다.
*이 도서의 국립중앙도서관 출판예정도서목록(CIP)은 서지정보유통지원시스템
  홈페이지(http://seoji.nl.go.kr)와 국가자료종합목록시스템(http://www.nl.
  go.kr/kolisnet)에서 이용하실 수 있습니다. (CIP제어번호 : CIP2018036239)

누가 예수를 괴롭히는가

김상현 지음

황금알

서문

　우리나라는 수많은 순교자가 피를 흘리며 그리스도의 복음을 전한 지 200년, 개신교가 들어온 지가 100년이 넘었습니다. 초기 복음을 받아들인 선인들의 헌신과 열정으로 기독교는 급성장했으며 우리나라 근현대사에 괄목할 만한 발자취를 남겼습니다.

　초기 한국교회는 일반인에게 '예수를 믿는 자'는 몸과 마음의 정결함을 지닌 자로 인식되었으며 술과 담배 그리고 놀음 등 향락을 멀리하는 자로 구별되었습니다. 목회자의 청빈한 삶 역시 경건의 대명사처럼 여겨졌습니다.

　그간 한국교회는 병든 자와 가난한 자와 소외된 자 편에서 성경 속의 '선한 사마리아인'과 같은 일을 했으며 나라의 산업화 과정에서 교회는 노동자의 인권을 돌보는 역할을 했습니다.

　70년대에 들어서 한국교회는 양적 성장을 거듭하여 전체인구의 20%에 이르는 가운데 세계선교의 주역으로 역할을 강조하며 스스로를 '동방의 예루살렘'이라고 자평하는 단계에 이르렀습니다. 지금 이 땅에는 교인 수 78만 명을 넘는 세계최대교회를 비롯하여 1만 명이 넘는 교회가 14곳이나 되는 가운데 교회가 넘쳐나고 있습니다.

　이러한 교회의 양적성장은 물질중심의 기복신앙과 교회의 대형화와 목회자의 세습 그리고 복음이 사라진 기독교문화가 중심을 차지하고 있는 가운데 겉으로는 여호와 하나님을 섬기지만 속으로는 물질의 신인 맘몬(mammon)을 섬기는 타락의 현상이 두드러지고 있는 것도 사실입니다.

교회가 복음에서 멀어져 타락하면 교인들은 영적으로 궁핍하게 되며 그 틈을 비집고 온갖 이단들이 교인들을 미혹하게 됩니다. 또한 염증을 느낀 교인들은 기존의 교회를 떠나 가정교회를 지향하는 무교회인이 되거나 타 종교로 개종하는 경우도 발생하고 있습니다.

이를 걱정하는 많은 분들이 한국교회의 자성을 외치고 있지만 교회는 귀를 기울이지 않습니다. 초기의 순결을 잃어버린 교회는 물질적 세력화를 꿈꾸거나 단순한 종교적 예배행위에 머무름으로써 프로테스탄트의 정신을 상실하고 있습니다.

교회 타락의 적잖은 책임은 목회자와 장로 등 교회의 지도자들에게 있습니다. 그들은 예수의 이름으로 예수를 괴롭히는 일을 저지르면서도 반성하지 않습니다.

저자는 평신도로서 직간접적으로 경험한 한국교회의 부끄러움을 들어냄으로써 한국교회의 갱신에 도움이 되었으면 하는 열망으로 이 책을 펴냅니다.

차례

01

교인까지 내다 파는 떴다방 교회

"교회 팝니다. 교인 그대로 인수!"

한국교회의 주요 교단 중, 한 곳에서 발행하는 신문광고에 버젓이 실린 내용입니다. 자세히 읽어보면 교회 간판을 달고 교회 흉내를 내다가 적당한 돈을 받고 넘기는 이른바 "떴다방" 식 교회입니다.

속칭 '떴다방'이라는 속어의 뜻은 신도시나 아파트가 들어서는 곳에서 입주권리자로부터 아파트분양권을 싸게 사서 프레미엄을 붙여 입주자에게 팔아넘겨 시세차액을 먹는 무허가중개업자를 일컫는 말인데 불법임은 물론이고 부동산 거래를 어지럽히는 주범입니다.

그런데 언제부터인지는 모르지만 이런 병폐가 슬그머니 한국교회에서도 나타나더니 급기야는 들어내 놓고 교회를 사고파는 작태가 벌어지고 있습니다.

이런 떴다방식 교회는 단속할 법규도 없거니와 매우 음성적이고 부도덕하여 선량한 교인들에게 피해를 주어도 종교에 한없이 약하고 비굴하기까지 한 정치권이 닭 쳐다보는 개처럼 모른척하는 사이 한 탕 챙기고 자리를 뜨는 사이비 목사들이 생기게 되었습니다.

건실한 교회인지 떴다방 식의 엉터리 교회인지 겉으로 봐서는 모릅니다.

교회라는 곳이 의사 면허증이나 약사 자격증이 걸려 있는 병원이나 약국처럼 목사 자격증이 걸려 있는 것도 아니고, 더욱이 담임목사가 신학 과정을 제대로 마친 목회자인지 알 수 없는 터라 자칫 사이비 목사가 운영하는 교회에 나갔다가 결국 정신적으로 큰 고통을 겪게 된 사람들을 흔히 볼 수 있습니다.

그래서 교회 선택은 잘 알아보고 결정해야 합니다.

내가 말하는 '떴다방교회'란 이런 것입니다.

신도시나 대단위 아파트군이 들어서는 곳이면 나타나는 떴다방처럼 떴다방목사(사이비 목사)도 그곳에 달려가 허허벌판에 교회를 개척하는 것으로 시작됩니다. 이들은 아파트에 사람들이 입주하고 도시가 규모를 갖추기를 기다립니다. 그런 후 사람들이 입주를 시작하면 연예인 출신이나 유명목사를 불러와 집회를 열고 여기에 교회를 열었습네 하고 요란스럽게 광고를 합니다.

순진한 건 교인들입니다. 열 길 물속은 알아도 한 길 사람 속은 모른다는 말처럼 새로 이사 온 교인들이 목사가 어떠한 사람인지 알 리가 없습니다. 대부분 교인들은 목사가 어떤 사람인지 알아보는 것은 신앙심이 부족하거나 무슨 큰 죄나 짓는 것으로 잘못 생각하기 때문에 순한 양처럼 다소곳한 태도를 보입니다.

이사 온 교인들은 새롭게 신앙생활을 시작해 보려는 마음으로 개척교회에 열심을 내고 교회는 잠시 이들로 뜨거워집니다. 그리고 어느 정도 교회가 모습을 갖추게 되면 목사는 아무도 눈치채지 못하게 은밀하게 교회를 팔 생각을 하게 됩니다. 교인들이 알아차리면 이런저런 이유를 대고 기도를 강요합니다. 알음알음으로 교회를 인수할 사람을 찾아보다가 여의치 않으면 교계의 신문에 버젓이 광고를 냅니다. 신문사는 광고료만 챙기면 그만이고 아무도 책임지지 않습니다. 한국교회의 원로목사들도 제 교회를 제가 맘대로 하는데 상관할 게 없다는 식으로 모두 무관심합니다.

'떴다방교회'는 대부분 자기 건물이 없이 기존건물에 전세나 월세를 들어와 있는데 교회당 의자나 강대상 등 집기를 싸게 주면서 내막적으로는 교인 머릿수를 계산하여 두당 얼마라는 식으로 거간을 붙입니다. 말하자면 헌금수입이 얼마쯤 될 거니 사면 수지가 맞다는 속셈을 은근히 내비치며 접근을 합니다.

이런 교회를 사서 들어오는 목사에게도 문제가 있습니다. 물론 교회를 개척한다는 것이 어렵다는 것은 누구보다 목회자들은 잘 알고 있기에 더욱 유혹을 받기가 쉽습니다. 그들은 전세나 월세를 얻고 집기를 사서 놓는다고 교회가 되는 것은 아니라는 것을 잘 알고 있습니다. 교인을 모으는 것이 너무 힘들고 어렵다는 것을 체험한 목회희망자들은 쉽게 떴다방교회 목사가 내놓은 교인 수(?)에 눈빛이 달라집니다. 그래서 신문광고 내용처럼 "교인 그대로 인수"를 조건으로 교회를 사게 됩니다.

교회를 사고파는 이런 일이야말로 당사자인 자신도 망하고 한국교회를 망치는 짓인데 이를 지적하는 사람이 없다면 더욱 더 큰일입니다.

사탄에 넘어가 예수를 판 가룻 유다가 하나님 앞에 설 수 없듯이 교인을 팔아넘긴 자가 하나님 앞에 바로 설 수 없을 것입니다.

이제 근본적인 물음을 하게 됩니다.

　한국교회가 하나님을 팔아 치부를 하고, 하나님의 아들 예수를 팔아 거대한 교회당을 세우고, 종국에는 교인을 팔아 제 욕심을 채우면서 "세계를 그리스도 품으로"를 외친다면 공허한 소리에 불과하지 않겠는지요.

"저희에게 이르시되 기록된바 내 집은 기도하는 집이라 일컬음을 받으리라 하였거늘 너희는 강도의 굴혈을 만드는 도다 하시니라." (마태복음 21장 13절)

02
푸닥거리 교회

"영계가 열려 체질, 질병까지 보며 온갖 치유가 일어난다."

"은사의 능력, 불체험, 천국과 지옥 입신체험을 원하는 분!"

"각종 암, 질병치료, 손수건, 모자, 옷 사용으로 치료, 포도주, 기름으로 치료, 물, 소금, 무화과로 치료"

"슬픔치료"

"성령 충만으로 물질 막힌 것 풀리는 물질축복"

"경제문제, 사업문제, 자녀문제, 질병문제 해결"

"식물인간 소생, 각종 암환자 치료, 앉은뱅이, 입과 눈이 돌아간 자 치료"

"관절염, 축농증, 갑상샘염 치유, 청력감퇴, 시력감퇴, 언어장애 회복"

"대물림 해결"

내가 잠시 기거했던 동네에 있는 어느 교회가 집집마다 돌린 전도용 전단 내용을 그대로 옮겨 놓은 것입니다. 그 내용이 기독교 복음과 무관함은 물론 황당하기 짝이 없는 터라 혹세무민하는 이단 종교가 아닌가 하고 일부러 예배시간에 맞추어 찾아가 보았습니다. 생각과는 달리 한국의 주요 교단에 속해 있는 교회라서 더욱 놀랄 수밖에 없었습니다.

전도용 전단 내용대로라면 인산인해를 이루어야 하는 건데 예배시간이 다 되었는데도 고작 두 여신도의 뒷모습만을 볼 수 있었습니다. 흐릿한 형광 불빛 아래 앉아 있는 두 사람의 작고 초라한 어깨가 을씨년스럽게 보였습니다.

교회를 개척한 지가 오래지 않아 보였습니다. 오죽 사람이 오지 않으면 그런 전단을 만들어 돌렸을까 하고 가엾은 생각이 들다가도 사람의 영혼에 상처를 입히는 행위가 도저히 용납되지 않아 화가 났습니다.

시간을 거슬러 과거나 미래로 오갈 수 있는 공상과학영화를 본 적은 있지만, 영계인 지옥과 천국을 맘대로 왔다 갔다 할 수 있다는 신비한 체험(?)의 세계를 내가 사는 동네에서 가능하다면, 시멘블록벽돌과 낡은 함석지붕을 씌운 창고 같은 공간에서 가능하다면, 바티칸에 있는 가톨릭 교황도 놀랄 일입니다.

항생제나 새로 개발된 신약도 아니고 우리가 일상에서 사용하고 있는 손수건이나 모자, 옷가지나 물, 소금, 기름과 같은 것으로 관절염, 축농증, 갑상샘염, 청력감퇴, 시력감퇴, 언어장애 물론 현대의학이 고민하는 암을 치료할 수 있다면, 세계에서 가장 권위 있는 의학저널에 실릴 일입니다.

교회에 사람들이 없는 것으로 봐 그 전단 내용을 믿는 사람은 그다지 많지 않은 모양입니다. 상식에 벗어난 황당한 말을 더 이상 사람들은 믿지 않습니다. 그만큼 사람들의 정신 수준이 높아져 있기에 그

교회 목사가 더 초라하게 느껴졌습니다.

'성령'이라는 단어만 빼고 나면 무당집과 구분되지 않습니다. 굿판을 벌이는 무당집에 가면 이와 아주 흡사한 내용으로 사람들을 불러들입니다.

더욱 놀라운 일은 이 교회목사는 만 2세밖에 안 된 아기 셋에게 두 번에 걸쳐 3일씩이나 금식을 시켰다고 자랑하면서 학생은 15일 금식, 직분자는 21일 금식을 여러 차례에 걸쳐 하도록 했다고 하니 정신감정을 받아야 할 것 같습니다.

자신의 의사와는 무관하게 아무 뜻도 모르고 엿새나 굶주린 두 살배기 어린애를 생각하면 견딜 수 없을 정도로 화가 치밉니다. 폭력도 이런 폭력은 없습니다. 어린아이의 인권이 존중받는 서구사회 같으면 생각할 수도 없는 일이며 이런 일을 자행한 교회목사는 당장 감옥에 가야 함은 말할 나위가 없습니다.

목사가 노리는 것은 무엇일까요? 아주 잘못된 신학관이 아니라면, 그는 교인들에게 금식을 하도록 함으로서 결집력을 갖게 하는 일종의 교인관리 차원의 노림수일 것입니다.

물론 현대과학이 밝혀내지 못한 초자연적인 신유의 기적은 있습니다. 많은 사람들이 현대의학으로 해결할 수 없는 불치병으로 고통을 받다가도 하나님의 도우심으로 치료가 되어 건강하게 된 사람들이 헤아릴 수 없을 정도로 많습니다.

어떤 이는 기도 중에 방언이 터졌다고도 하고 어떤 이는 기도 중에 영감을 얻었다고도 합니다. 그러나 그것이 곧 복음은 아닙니다. 예수가 만인의 죄를 대속한 그리스도며 그를 구주로 믿음으로 구원에 이른다는 기독교의 복음을 전파하는 곳이 교회며 예수님의 가르침을 따라 용서하며 섬기며 사랑하는 삶을 살도록 가르치는 목양이 마땅히 목사가 하는 일입니다.

푸닥거리 수준의 교회가 사람들을 미혹합니다.

교인을 건전한 신앙생활을 할 수 없게 할 뿐 아니라 신비주의자로 만들어 정상적인 생활에서 일탈, 이상한 행동을 보임으로서 오히려 기독교의 본질을 흐려놓는 일이 허다합니다.

생각해보면 영계가 열려 남의 체질과 질병을 꿰뚫어 보는 눈을 가진다면 얼마나 무서운 세상이 되겠습니까? 가난과 질병을 대물림하지 않기 위해서 나가서 비는 행위는 기독교와는 무관하며 그런 곳은 그럴듯한 교단의 간판을 내세웠더라도 교회가 아닙니다.

그런 곳은 속히 교회 간판을 걷어내고 대나무 장대에 붉은 깃발을 달고 영업(?)을 하는 편이 오히려 나을 것입니다.

"여호와께서 말씀하셨다고 하는 자들이 허탄한 것과 거짓된 점괘를 보며 사람으로 그 말이 굳게 이루기를 바라게 하거니와 여호와가 보낸 자가 아니라." (에스겔 13장 6절)

03

이런 자는 유다에게 침을 뱉을 수 없다

우리나라 기독교 교단에서 잘 알려진 목사들의 호화생활과 교회 세습이 언론에 보도되는 것을 보고 있으면 마음이 불편해집니다. 이들이 목회하는 교회가 우리나라 기독교에 지대한 영향을 주고 있는 대형교회라는 점에서 교회를 바라보는 우리사회에 부정적 이미지를 더하고 있습니다.

교회가 복음에서 멀어지고 물질적 탐욕으로 인해 타락하는 중심에는 목회자가 있습니다. 사회여론이 들끓어도 타락한 목회자가 버젓이 영향력을 행사하며 교회권력을 누릴 수 있는 데는 목회자를 맹목적으로 감싸고도는 교인의 삐뚤어진 신앙관이 있기 때문에 가능합니다. 증여세가 없는 부의 대물림, 일반인이 상상할 수 없을 정도의 고액연봉, 성직자로서 부적합한 사치와 호화생활, 입에 올리기도 민망한 각종 추문들이 타락한 중세의 유럽교회를 보는 것 같습니다.

이들의 목회 목적은 복음의 확장이 아니라 사업을 확장하는 것처럼 보입니다. 이윤을 추구하는 각종 사업을 추진하는가 하면 초대형 건물 건축, 기도원, 공원묘역 등 과도한 부동산 매입으로 교회재산을 늘려가면서 그 공을 인정받습니다. 그리고 그 대가로 교회가 마련해 준 고급저택에 살면서 고급승용차를 굴립니다.

몇 해 전에 공영방송에서 호화생활을 하면서도 세금 한 푼 내지 않는 종교인들을 고발하는 시사프로그램을 방영한 적이 있습니다. 사실 여부에 관계없이 방송이 우리 사회에 던진 파장은 적잖게 한국교회에 부정적 이미지를 주었습니다. 복음은 가려졌고 치부만 드러났습니다.

이들의 입장에서 보면 억울해할 수도 있을 것입니다. 이 정도 대형교회를 일구었는데 그만한 보수를 받는 것이 무엇이 문제냐며 항의할 수 있습니다. 한 발 더 나아가 하나님의 축복인 것을 호화생활이라 매도하지 말라고 주장하기도 합니다.

방송에 거론된 해당 목회자는 방송이 나간 다음 날 곧바로 설교를 통해 "거부는 타락한 것이 아닙니다. 하나님을 모시고 부자가 된 것은 크나큰 축복이 따른 것입니다. 예수 믿는 사람은 가난하게 살아야 된다. 판자촌에서 살아야 된다고 하는 것은 사탄이 하는 거짓말입니다. 예수 믿는 사람이 얻어먹고 동냥하고 살면 전도도 안 되고 덕도 안 됩니다"라고 말을 했지만 공허하게 들렸습니다.

아무튼, 이 방송이 사회적 파장을 적잖게 일으키게 된 것은 다름 아니라 방송에서 거론된 이들이 한국교회의 지도자로 그간 추앙을 받아온 인물들이라는 점과 우리사회 기득권층의 명망 있는 인사들이 이들이 목회하는 교회에 출석하고 있으면서도 교회 갱신이 이루어지지 않았다는 것입니다.

방송이 나가나자 즉각 인터넷 서버가 다운될 정도로 여론의 질타는 폭주했습니다. 많은 사람들은 분노했습니다.

"믿음을 팔아서 개인의 이득을 챙길 수 있는가?"

"한국교회를 대표하는 사람들이 예수님의 뜻을 저버리고 교회가 기업화되는 것이 큰 문제이다."

"목사가 3억 원이 넘는 스포츠카를 몰고 골프연습장이 딸린 고급 빌라에서 살아도 되는가?"

이런 질타가 쏟아지자 기독교인들은 안타까워하며 5만여 교회 중 대형교회는 10% 미만이고 목회자의 90%는 월 100만 원도 안 되는 수입으로 고달픈 생활을 하고 있다며 교회 전체를 매도하지 말라며 항의성 댓글을 남기기도 했습니다.

교회권력과 대형교회 목회자의 실상을 알린 공영방송의 프로그램은 미래의 건강한 한국교회를 위해서 매우 유익한 내용이었습니다.

특히 정치권이 종교인들의 반발을 우려해 목회자에 대한 소득세 부과문제를 외면해 온 것과는 다르게 교회의 타락한 현실을 파헤친 공영방송의 보도태도는 당연하면서도 신선한 느낌을 주기에 충분했습니다.

드문 일이기는 하지만 살신성인의 자세로 목회를 하는 사람도 있습니다. 서울 변두리 어느 교회 목사는 부임해서 보니 가난한 교인들에 비해 자신의 월급이 너무 많다며 그는 교인들의 평균 소득 수준으로 월급을 낮추어 달라고 교회 측에 요구했다고 합니다. 월급이 전임자보다 반에도 미치지 못했지만 그는 최선을 다해 목회를 했으며 모든 교인이 그를 존경하게 되었다는 미담이 신문기사화 된 적이 있습니다.

쉬운 일이 아닙니다. 적잖은 목사들이 매년 물가인상 폭보다 많게 월급을 인상시키고 있으며 보다 많은 사례금을 받기 위해 당회나 제직회에 손을 쓰기도 하는데 자신의 월급이 교인들의 소득에 비해 많다며 낮추어 받겠다는 마음을 갖는다는 것이 쉬운 일이 아닙니다.

사치와 호화생활이 목회자의 덕목에도 어긋나지만 스스로 삶을 정화해야 할 목회자가 물욕에 마음을 두고서는 은 삼십 냥에 예수를 판 가룟 유다를 들어 더 이상 설교할 수 없습니다.

예수를 팔아 권력과 부귀를 누리는 사람들이 누구입니까? 이들의 축제를 안 이상 이들의 설교를 듣고 예전처럼 은혜를 받을 사람이 과연 있겠습니까?

가룟 유다는 마지막에 후회하며 스스로 목숨을 끊었지만, 이들은 전혀 얼굴색 하나 변하지 않고 많은 사람 앞에서 설교를 하는 것은 몰염치입니다.

2000년 동안 변함없이 성경은 말하고 있습니다. 예수께서 열두 제자를 파송하면서 "병든 자를 고치며 죽은 자를 살리며 문둥이를 깨끗하게 하며 귀신을 쫓아내되 너희는 거저 받았으니 거저 주어라. 너희 전대에 금이나 은이나 동이나 가지지 말고, 여행을 위하여 주머니나 두 벌 옷이나 신이나 지팡이를 가지지 말라 이는 일군이 저 먹을 것 받는 것이 마땅함이니라."라고 말씀하셨습니다. 또 예수께서 칠십 인을 세워 파송할 때에도 같은 당부를 하셨습니다.

특히 복음을 전하는 자의 재물에 관한 태도가 얼마나 중요했으면 복음서마다 이를 강조해서 기록하고 있겠습니까?(마태복음 10:9, 마가복

음 6:8, 누가복음 10:4)

목회자가 스스로 예수님의 제자나 하나님의 종임을 강조하려거든 예수님께서 말씀하신 자신의 전대를 비워야 합니다. 단언하건대 돈과 예수를 함께 사랑할 수는 없습니다.

"가면서 전파하여 말하되 천국이 가까웠다 하고 병든 자를 고치며 죽은 자를 살리며 문둥이를 깨끗하게 하며 귀신을 쫓아내되 너희가 거저 받았으니 거저 주어라. 너희 전대에 금이나 은이나 동이나 가지지 말고 여행을 위하여 주머니나 두 벌 옷이나 신이나 지팡이를 가지지 말라 이는 일꾼이 저 먹을 것 받는 것이 마땅함이니라. 아무 성이나 촌에 들어가든지 그중에 합당한 자를 찾아내어 너희 떠나기까지 거기서 머물라." (마태복음 10장 7절~10절)

04

하나님 자리를 차고앉은 사람들

"내가 어느 병원을 갔는데 그곳에 내가 아는 모 교회 권사가 입원해 있더라고요. 내가 물었어요. 어디가 아파서 입원했느냐고요. 권사님이 아프면 되느냐고 내가 호통을 쳤어요. 우리 교회는 내가 딱 버티고 막고 있으니까 병마가 들어오지를 않아, 그런데 맘에 안 든 사람이 있으면 내가 싸악 비켜버리면 그 사람 병이 들어요. 여러분! 그런 사람이 되지 않기를 바랍니다."

서울 신촌에 있는 어느 대형교회 Y목사가 자신의 교회에서 주일예배에서 설교한 내용을 기독교방송이 방영한 것 중 한 대목입니다.

이 목사의 논리대로라면 모든 병은 하늘로부터 오는데 자기교회는 자신이 지키고 있다는 것을 은연중 자랑하는 것입니다.

예수님이 계시던 2000년 전 유대가 그랬습니다. 모든 병은 하늘로부터 내려왔으며 병의 원인이 죄 때문에 생긴 것이라고 믿었습니다. 날 때부터 소경이나 앉은뱅이가 된 사람은 부모의 죄 때문이었다고 믿었습니다. 그들은 성문 밖에 쫓겨나 살았으며 인간다운 대접을 받지도 못했습니다. 병이 나아도 제사장이 깨끗하게 되었다고 하기 전에는 죄인으로 살아야 했습니다. 그들에겐 자유가 없었습니다. 병이 들어 몸이 불편한 것보다 사회로부터 받는 냉대가 더욱 고통스러웠습니다.

바로 그것이 율법이었습니다. 율법으로 인해 인간이 고통 받는 것을 예수께서는 더 이상 묵과하지 않았습니다. 당신께서는 율법을 폐하기 위해서 왔다고 말씀을 하시고 소경과 앉은뱅이와 혈류병자를 고쳐주셨습니다.

예수께서는 병든 자를 고쳐주시며 아무에게도 말하지 말라고 당부하셨습니다. 예수님은 자신의 능력을 한 번도 내세우거나 자랑하지 않았습니다. 거리나 회당에서 외식하는 부패한 제사장과 서기관과 바리새인이 이런 예수를 죽이려고 수시로 모의를 했던 것입니다.

복과 화가 하늘에게서 오며 그것에 대한 중대한 역할을 자신과 같은 목사가 하고 있다고 은연중에 말하는 이들이 타락한 이 시대의 서기관과 바리새인이 아니고 무엇이겠습니까?

"올해 12월 대통령선거는 무조건 L을 찍어야 해… 장로님이니까. 만약 이번 대선에서 L을 안 찍는 사람은 내가 생명책에서 지워버릴 거야… 생명책에서 안 지움을 당하려면 무조건 L을 찍어… 알았지?"

2007년 12월 대통령선거 직전의 일이다. J목사의 대중 설교의 한 대목입니다.

1992년 12월 제12대 대통령선거 때도 많은 교회의 목사들이 들어내 놓고 개신교 교인의 후보를 지지하는 운동을 펼쳤습니다. 그가 기독교 장로라는 이유에서 교인들을 향해 노골적으로 "하나님을 경외하는 자가 대통령이 되어야 나라가 복을 받는다."고 하였습니다. 그러나 실상은 IMF 금융위기를 맞아 나라 경제가 말이 아니었습니다. 정치적 발언을 하는 목사들은 자신들의 기득권을 지키고자 하는 욕심에서 비롯되었다고 봅니다.

목사들 중에는 이처럼 특정 후보를 지지하는데 지나칠 정도로 노골적인 입장을 취하는 사람은 있지만 J목사처럼 누구를 찍지 않으면 생명책에서 이름을 지워버리겠다고 협박하는 사람은 찾기가 어렵습니다. 과연 그가 누구기에 예수를 구주로 믿어 하늘의 생명록에 기록된 사람의 이름을 마음대로 지울 수 있는지, 그가 하나님이라도 되는 것인지 오만의 극치를 보여주고 있습니다.

어떤 목사는 투시의 은사를 받아서 누가 무슨 마음을 품고 있는지 다 알고 있다고 성도들에게 겁을 줍니다. 투시의 은사가 있다고 말하는 사람은 자신의 비리나 부끄러운 일이 드러날까 봐 전전긍긍하는 사람입니다. 사전에 입을 막기 위해 투시의 은사 운운하며 겁을 주는 낡은 수법을 쓰는 것이지요.

또 어떤 목사는 자신이 축복을 해야 복을 받을 수 있는 특별한 은사를 지녔다는 말을 하는가 하면 병을 고치는 특별한 은사를 받았다는 말을 합니다. 이런 사람은 타 교회 목사가 자신의 교인에게 기도라도 해주면 견디지를 못하고 아무에게나 기도를 받는 것이 아니라고 교인을 야단 칩니다. 또 몸이 아파서 병원에 가는 것은 믿음이 부족한 탓이라고 야단을 치는 목사도 있습니다. 이런 경우 기도만 받다가 너무 늦게 병원을 찾아와 그만 큰일을 당하고 마는 불상사가 일어납니다. 그런데 이런 일로 어떠한 나쁜 결과가 생겨도 그들은 '하나님의 뜻'임을 강조하며 자신들은 비켜서고 맙니다.

문제는 많은 교인의 신앙을 무당 푸닥거리 수준으로 만들면서도 자신이 무슨 일을 하는지 깨닫지 못하는 것이 큰일입니다.

장로교의 교리는 만인 제사장임을 내세웁니다. 하나님이 목사에게 복음을 전할 능력은 주지만 하늘 문의 문지기 역할이나 구원을 주거나 빼앗는 권세를 주지 않았습니다.

우리는 스스로 예수를 그리스도로 믿어 영생에 이르며, 예수의 이름에 의지하여 원하는 바를 구하게 됩니다. 하나님과 우리 사이에 목사가 중개자가 될 수는 없습니다. 성경이 그렇게 말하고 있습니다. 우리의 기도가 응답을 얻지 못한다면 그들의 기도도 응답을 얻을 수 없습니다.

현대 목회자의 덕목 중 첫째가 교만에서 벗어나는 일입니다. 마치 하나님 자리를 차지하고 앉아있는 듯한 교만한 자들이 한국교회를 부패하게 하고 신성한 교회를 정치 권력화시킴으로써 교회를 세속화시킵니다.

"그러나 너희는 랍비라 칭함을 받지 말라 너희 선생은 하나이요 너희는 다 형제니라. 땅에 있는 자를 아비라 하지 말고 너희 아버지는 하나이시니 곧 하늘에 계신 자시니라. 또한 지도자라 칭함을 받지 말라 너희 지도자는 하나이니 곧 그리스도니라. 너희 중에 큰 자는 너희를 섬기는 자가 되어야 하리라." (마태복음 23장 8절~11절)

05

정치의 아이콘으로 돌아온 목사님

그의 책은 감동적이었습니다.

70년대 청계천 빈민가에 판잣집 교회당을 세우고 소외된 사람들과 아픔을 같이한 그의 삶의 모습이 담긴 간증집을 읽으면서 나는 수없이 눈물을 흘렸습니다. 책의 내용 중에는 죽어가는 교인을 업고 이곳저곳의 병원을 뛰어다녔지만, 돈이 없다는 이유로 가는 곳마다 퇴박을 맞고 쫓겨나 결국, 그의 등에 업힌 채로 싸늘한 주검이 된 교인을 부둥켜안고 오열했다는 대목에서 나는 깊은 감동을 받았습니다. 그는 뒤에 빈민들을 이끌고 남양만에 들어가 공동체를 만들고 가난을 벗어나기 위해 헌신적으로 노력하기도 했습니다. 내가 보기에 그는 신앙을 실천하는 시대의 마지막 성자로 보였습니다. 당시 군사독재 정부가 보기에 그가 공산주의자로 보였고 급기야 정치범으로 교도소에 갇히는 영어의 몸이 되었습니다.

당시에 대다수 한국교회는 국민들의 숨통을 죄고 있는 독재정권에 항거하거나 비판하지 못하고 그늘에 숨어 영적 축복만을 말하고 있었으며 정부는 기독교계가 힘을 갖지 못하도록 갖은 공작을 펴 한국교회는 수많은 군소교단으로 해체되었습니다.

그의 책 어디에도 마르크스주의로 오해받을 만한 대목은 없었습니다. 그는 정말 소박하면서도 용기 있고 타협을 모르는 우직한 목회자, 행동하는 신앙인, 꿈을 가진 지식인으로 많은 사람에게 감동을 주었습니다. 나는 그를 만나보고 싶었습니다.

얼마 지나지 않아 내가 사는 동네교회에서 그를 초청해 설교를 들을 기회가 생겼습니다.

왜소한 외모와 느리고 낮은 톤의 다소 졸린 듯한 음성이었지만 그가 들려주는 체험담은 책을 읽을 때 받았던 감동보다 깊이가 더했습니다.

깡패를 변화시킨 이야기며 몹시 추운 겨울 감방에 들어앉자 추위를 잊으려고 창세기에서 요한계시록까지 "'불'자"만을 찾아 읽었다는 이야기, 그런데 신기하게도 엉덩이부터 따뜻한 온기가 느껴져 추위를 잊을 수 있었다는 그가 교도소에서 겪었던 이야기는 마치 시골집 사랑방에서 어른들이 들려주던 구수한 이야기처럼 친근감이 느껴졌습니다.

그 뒤로 나는 그의 설교 테이프를 구해서 틈틈이 들었고 그는 유명인사가 되어 이곳저곳 불러 다니면서 집회를 했습니다. 무엇보다 한반도에 불어오던 해빙 바람은 그의 삶의 보폭을 더욱 넓게 만들었습니다.

그는 조선족이 많이 사는 중국 등지에도 공동체농장을 만들어 빈민에 대한 구제와 선교에 앞장서기도 했습니다. 그는 TV에 자주 등장했으며 그의 이름은 기독교신자가 아닌 일반인들에게까지 널리 알려졌습니다.

한국을 움직이는 지식인으로 그에 대한 사회적 인식이 점차 자리 바꿈 되더니 우리 사회는 그를 더 이상 빈민운동을 하는 목사로 인식하지 않게 되었습니다.

얼마 전에 우리나라 과학기술의 메카라고 할 수 있는 대덕연구단지 기독교직장선교연합회가 신앙부흥회에 그를 강사로 초청하였습니다. 그의 유명세는 사람들을 불러 모으는 데 힘을 발휘했습니다.

부흥회가 시작되기 1시간 전부터 청중들로 대강당은 발 디딜 틈이 없이 초만원을 이루었습니다. 청중은 그가 무슨 은혜의 말씀을 전해 줄 것인지 벌써 긴장하고 있었습니다. '가물어 메마른 땅에 단비를 내리시듯 성령에 단비를 부어 새 생명 주옵소서.' 찬송 소리가 열기를 더 했습니다.

그가 단상에 오르자 청중은 환호했습니다. 특유의 낮고 느린 그의 목소리에 사람들은 숨을 죽이고 경청하기 시작했습니다. 그런데 그는 '가물어 메마른 마음에 성령의 단비와 같은 은혜의 말씀'을 기대하고 있는 청중을 향해 이상한 설교를 하는 것이었다. 그의 설교는 선동적인 정치 강연과도 같았는데 청중의 동의를 구하기 위해 틈틈이 성경 구절을 이용하였습니다.

그는 이 사회의 지배계급을 바꾸고자 하는 아주 위험한 세력이 정부 안에 여럿 있다고 했습니다. 집회의 목적은 이 한마디에 담겨 있었습니다.

"하나님의 뜻은 이 좌파정권을 무너뜨리는 것입니다. 여러분! 나가실 때 한 사람도 빠지지 마시고 이 운동에 가입해 주시기 바랍니다."

집회가 끝나고 나오자 어깨띠를 두른 사람들이 무슨 가입서를 나누어주며 서명해 달라고 요구했습니다.

집회의 뒷맛은 씁쓸했습니다. 원숭이 곡예나 차력시범 등을 통해 청중을 불러 모아놓고 약을 파는 거리의 약장수보다 더 치졸하다는 생각이 들었습니다. 심령부흥집회가 아닌 시국강연을 통해 그가 원하는 우익단체의 회원을 확보하는 것이 훨씬 정직했으리란 생각이 들었습니다. 나는 빈민운동을 하던 순수한 목사가 한낱 정치꾼으로 변신해버린 모습을 보며 슬픔을 느꼈습니다. 얼마 지나지 않아서 그가 우익단체의 상임의장이 되었다는 소식을 들었습니다. 그가 소속된 단체의 홈피 게시판에 올려져 있는 그에 관한 이런 글을 나는 보게 되었습니다.

"과거에는 목사님을 존경했는데 지금은 헷갈리는군요. 정치를 하시려거든 목사라는 직함을 버리고 하십시오. 목사님으로 인해 넘어지는 성도들이 있을까 우려됩니다. 만약 목사님처럼 예수님께서 정치적 메시아로 오셨다면 저나 목사님이나 이미 죽은 목숨입니다. 우리에게는 소망이 없겠지요. 그저 인간의 의를 세우기 위해 인간이 만들 수도 없는 유토피아라는 허상 때문에 많은 이들의 희생의 피가 다 헛것이 되겠지요. 정치는 정치꾼들에게 맡겨 놓으시고 목사님은 목사님의 본분으로 돌아가십시오. 그러기 싫으시다면 양다리 걸치지 마시고 목사직을 사임하고 앞으로는 목사님으로 불리는 것을 사양하십시오. 그것이 성도들을 위한 최소한의 도리가 아닐는지요. 목사님을 존경했던 한 사람이었기에 올리는 말씀입니다."

"각각 공력이 나타날 터인데 그날이 공력을 밝히리니 이는 불로 나타내고 그 불이 각 사람의 공력이 어떠한 것을 시험할 것임이니라. 만일 누구

든지 공력이 불타면 해를 받으리니 그러나 자기는 구원을 얻되 불 가운데서 얻은 것 같으리라." (고린도전서 3장 13절~15절)

이념이라는 우상

"우리 기독교도의 신앙고백인 사도신경을 보세요. 예수님이 어디 앉아계신다고 했지요? 하나님의 우편에 앉아계시다가 산 자와 죽은 자를 심판하신다고 안하셨나요? 여기에 우편이 뭡니까? 바로 우측이란 뜻이 예요. 우측이란 항상 옳고 좋은 것을 표현하지요. 우측 손을 바른 손이라고 하지 않나요? 우측은 바르다는 뜻이 예요. 우측에 서면 우파라고 하고 좌측에 서면 좌파라고 하는데 예수 믿는 성도들은 모두가 우측에 서는 우파가 되어야 해요. 왜냐하면 세상 끝 날에도 좌측에 서 있으면 심판을 받게 되거든요."

이 이야기를 들으면 너무나 황당하지 않습니까? 그런데 성경 어디에도 없는 이런 말을 목회자가 하게 되면 정말 그렇게 믿는 신자들이 있습니다.

교회 안에는 기독교의 복음보다 이념을 신봉하는 사람들이 생각보다 많습니다. 그 이념의 배경이 지식을 근본으로 하고 있다면 인류를 위한 하나님의 사랑을 이념의 상위에 올려놓을 수 있습니다. 그러나 단순한 정치적 자신의 이념을 위해 복음을 교묘하게 짜깁기하던지 아예 이념을 복음으로 만들어 전파할 때 문제가 생깁니다.

내 것 네 것이 없이 유무상통하는 성경 내용을 공산주의 이념과 동일시하는 극좌파가 있는가 하면 주인에게 다섯 달란트씩 받는 종들이 이윤을 남겨 훗날 주인에게 칭찬과 벌을 받는 성경 내용을 들어 자유시장경제가 복음적이라고 주장하는 사람들이 있습니다.

이념을 복음과 동일시 한 내가 아는 장로님은 옛 소련이 붕괴할 무렵 소련 공산당 서기장 고르바초프를 말세에 나타나게 되는 적그리스도가 틀림없다고 주장했습니다. 당시 개혁적인 정치인으로 세계의 주목을 받던 고르바초프가 노벨평화상을 받게 되자 장로님은 평화를 사칭하는 악마의 화신이 틀림없다며 고르바초프의 이마에 난 검은 점을 가리키며 악마의 표식이라고 말했습니다. 고르바초프가 실각하고 나자 이번에 그는 요한 바오로 2세 교황을 적그리스도라고 주장했습니다.

이런 주장은 모두 성경 말씀과는 동떨어진 허탄한 소리이지만 사람들은 자신의 이념을 무장하는데 성경 말씀을 끌어다 씁니다.

왜 그럴까요? 기독교인들은 모든 것을 이분법적으로 생각하는 데 능숙해져 있습니다. 이는 성경이 서양철학의 이분법적 대칭 구도로 기록되어 있는데 기인합니다. 천국과 지옥, 성령과 악령, 천사와 사탄, 양과 이리, 구원과 멸망, 순종과 불순종, 신앙과 불신앙, 선택과 버림 등 대척점에 있는 양 극단만 있을 뿐 다른 선택이 없습니다. 그리고 어느 것을 선택할 것인가를 강요합니다. 이 같은 사유는 특히 기독교 선교에서 두드러지게 나타나는 현상으로 예수 그리스도의 복음 확장에 장애요소가 되기도 합니다.

복음주의자를 자처하는 내가 알고 지내는 목사님은 기독교 외 타종교를 가진 사람이나 예수를 믿지 않은 불신자를 늘 지옥의 땔감이라고 말했습니다.

대화와 타협, 중용이 필요한 현대사회에서는 상대방의 신앙을 인정하고 존중하는 가운데 자신의 신앙을 주장하는 것이 마땅합니다.

철학적 이념이나 정치적 이념, 종교적 이념은 인류에게 중요한 정신적 자산임엔 틀림없습니다. 철학적 이념은 존재에 관한 근원을, 정치적 이념은 인권과 복지 그리고 종교적 이념은 사후세계에 대한 믿음이 근간을 이루는 것으로 모두 인류사회가 필요로 하는 것입니다. 그런데 기독교인 중 특히 근본주의 신자는 정치적 이념을 신앙의 신념으로 받아들이는 경우가 많습니다. 이 같은 신념은 그리스도의 복음과는 무관한 우상입니다.

일례로 공산주의나 사회주의가 지상에 복지낙원을 건설한다는 주장이나 자유민주주의가 우리가 지켜야 할 유일한 기독교 정신이라고 주장하는 것은 옳지 않습니다. 예수님의 가르침, 곧 복음은 그것들을 능가하는 인류에 대한 사랑과 헌신을 말하고 있습니다. 오직 인류구원의 길은 좌우 이념에 있지 않고 예수사상에 있습니다.

특히 종교적 이념 때문에 인류는 얼마나 큰 상처를 입었습니까? 십자군전쟁이 대표적 사례입니다. 지금도 이 같은 상처는 세계 도처에서 진행되고 있습니다.

무슬림이 '알라'라 부르는 신과 유대인들이 '엘로힘' 즉 '여호와'라고 부르는 신이 같은 하나님인데 한쪽은 가슴에 폭탄을 안고 알라의 이름을 부르며 테러를 자행하고 있으며 다른 한쪽은 여호와께 승리를 간구하며 알라를 진멸하겠다고 무슬림이 사는 동네에 폭탄을 퍼붓고 있습니다.

예수님은 절대평화를 말씀하십니다. 하나님의 본성은 사랑이라고 말씀하시면서 사람과 사람 사이에는 사랑만이 존재해야 한다고 가르치셨습니다. 곧 이념 간에 대결구도가 아니라 서로 용납하는 평화구도를 원하셨습니다. 사람이 천사의 말을 하고 산을 옮길만한 능력이 있다 해도 사랑이 없이는 아무것도 아니라고 말씀하셨습니다. 세상의 이념은 천사의 말처럼 그럴듯하고 그 능력은 산을 옮길 힘이 있어 보이지만 세상을 구원할 수 없습니다. 오직 예수의 사상만이 인류에게 희망입니다.

예수님은 우측에도 좌측에도 계시지 않습니다. 그의 생애는 가난한 자, 병든 자, 억눌린 자, 소외된 자 편에 서 계셨습니다. 그는 영화로운 하늘의 보좌는 버리시고 이 땅의 가장 낮고 천한 곳에서 사람에 대한 하나님의 사랑을 죽음으로 확증하셨습니다. 그러므로 목회자들이여, 교인에게 이념을 신봉하라 가르치지 말고 하나님이 세상을 얼마나 사랑하는지, 사랑의 실천자가 된 예수님과 그의 가르침을 가르치십시오. 이념은 곧 낡아 썩어 없어지고 예수의 사상만이 길이 남을 것이기 때문입니다.

"망령되고 허탄한 신화를 버리고 경건에 이르도록 네 자신을 연단하라"
(디모데전서 4장 7절)

07

세습과 후계

세습과 후계는 전혀 다른 의미로 그 뜻에 차이가 있습니다. 세습이란 말은 자신의 자리를 자자손손에게 물려주는 것인데 왕조사회에서나 볼 수 있는 구태입니다.

세습이 나쁜 점은 일을 감당할 수 있는 능력이나 다른 사람과 더불어 살아갈 수 있는 사회성이나 인품 같은 중요한 요소가 배제된다는 점입니다.

반면에 후계는 능력과 인격, 소신, 사회에 기여할 수 있는 순기능을 감당할 수 있는가 하는 문제가 철저히 검증된 대부분 사람들이 공감하는 리더라는 장점이 있습니다.

아직 후진성이 남아 있는 재벌의 경우, 자식에게 경영권을 물려주는 일이 있는데 이런 과정에서 증여세를 탈루하기 위해 주가를 조작한다든가 온갖 탈법적 변칙증여가 간간이 문제가 되기도 합니다. 겉모습은 밑바닥부터 경영수업을 했다고는 하지만 세습된 기업경영은 언제나 불안정하고 비정상적이며 부도덕한 일이 발생하게 됩니다.

이에 반해 기업철학이 투철한 사주는 세습보다는 전문경영인을 통해 세계적인 건전한 기업으로 육성하는 데 성공합니다. 열린 마인드가 글로벌 경제환경에 대응할 수 있는 양질의 기업을 키우게 되는 것이지요.

한국교회가 대형화되고 기업화되면서 나타나는 병리현상이 바로 목회의 세습입니다. 이런 타락현상은 목회자의 사욕과 비민주적인 교회환경, 그리고 분별력이 없는 목회자에 대한 교인들의 맹목적인 순종이 복합적으로 작용해서 생기는데 작금에는 부끄러움조차 느끼지 않게 되었습니다.

소위 성공한 목회자(?)는 자신이 이룩했다고 생각하는 대형교회를 타인에게 물려 주려고 하지 않습니다. 이런 목회자는 애초부터 후계자를 키우지 않습니다. 목회자의 입장에서 평생을 이룩한 교회를 타인에게 넘겨준다는 것이 눈물겹게 어려울 것입니다. 훌륭한 인격을 지녔거나 성직에 대한 올바른 생각을 가졌거나 하지 않으면 어려울 것입니다.

자식이 목회 길에 들어섰다면 뉘라서 개척교회로 내치겠습니까? 자신이 경험한 피눈물 나는 고생을 자식에게 강요하고 싶지 않을 것입니다. 한해에 1만 명씩 쏟아져 나오는 목회 예비자와의 경쟁은 피할 수 없을 것이기에 100m 달리기에서 50m쯤 앞에 자신의 자식을 세우고 싶을 것입니다. 농촌교회의 먼지 풀풀 나는 마당 대신에, 비린내 진동하는 어촌교회의 보잘것없는 마당 대신에, 푹신한 방석을 깔아 주고 싶을 것입니다. 수많은 대중 앞에서 박수갈채 받는 자식의 모습이 보고 싶을 것입니다.

당회장 목사가 세습을 하겠다고 하면 교회의 비민주성이 그것을 받아들일 수밖에 없는 것이 한국교회의 현실입니다. 반대를 하면 당회장 목사의 권위에 도전하는 것으로 보고 그것을 교회에 대한 도전으로 몰고 갑니다. 심하게는 하나님을 향한 도전으로 매도하기도 합니다. 그래서 두 눈 찔끔 감고 아멘으로 받아들여야 조용합니다. 대체적으로 장로로 구성된 인사위원회에서 의결을 하게 되는데 감히 당회장 목사의 권위에 방울을 달 사람은 없습니다. 혹시라도 개인적으로 반대하는 입장이라면 그는 조용히 교회를 떠나야 합니다.

교인들은 더 너그럽습니다. 너그럽다 못해 새로운 세습체제에 재빨리 적응하게 됩니다. 아무도 세습의 부도덕성을 지적하지 않습니다. 못마땅한 눈치라도 보이면 세습을 지지하는 쪽에서 눈알을 부라립니다.

이렇게 세습된 목회자는 자신의 오점을 만회하기 위해 동분서주하며 많은 일을 벌이기도 합니다. 그뿐 아니라 누가 자신을 비판하는가 하고 귀를 나발 통처럼 열고 마음고생을 많이 하게 됩니다. 그리고 점점 독선적으로 변해 갑니다.

평소 덕망이 높아 존경받던 목사도 자식에게 세습을 하게 되면 평생 이룩한 목회의 업적이 물거품이 되고 맙니다. 사람들이 고개를 갸우뚱거리며 한 길 사람 속은 모르는 일이라며 실망감을 감추지 못합니다. 설교를 해도 더 이상 감동이 일지 않고 감동 대신에 왜? 왜? 그랬을까 하는 아쉬움을 갖게 합니다.

세습으로 교회를 물려받은 목사도 어렵기는 마찬가지입니다. 아무리 능력을 보이고 설교를 잘해도 '세습된 목사'라는 불명예가 평생 따라다니게 됩니다. 사람들은 그의 설교에 감동을 받기 전에 저 정도로 실력 있는 목사라면 개척교회를 해도 충분히 성공했을 텐데 뭐가 부족해서 아버지를 의지했을까 하고 아쉬움을 갖게 합니다.

열풍처럼 번지는 세습목회는 최근에는 여러 가지 형태로 나타나고 있습니다. 자식 세습이 여의치 않으면 사위에게 세습을 하기도 합니다.

세습경영으로 기업이 망하면 경제적인 손실에 그치지만 세습목회로 교회가 어려움에 빠지면 많은 교인들은 시험에 빠집니다.

그러나 아직은 훌륭한 목회자가 더 많습니다. 후계자에게 교회를 미련 없이 인계하고 물러나 객석에 앉아 박수를 보내는 목회자가 많으며, 신학을 전공한 자식을 광야로 내보내 자신의 체험을 통해 목양의 참 의미를 알게 하려는 목회자가 더 많습니다. 이들의 아름다운 이야기가 더 알려져야 합니다.

"화 있을진저 외식하는 서기관들과 바리새인들이여 너희가 박하와 회향과 근채의 십일조를 드리되 율법의 더 중한바 의와 인과 신은 버렸도다. 그러나 이것도 행하고 저것도 버리지 말아야 할지니라." (마태복음 23장 23절)

08
하나님의 계좌

대개 목사님들은 자신들의 교회 교인들과는 함께 목욕탕을 가지 않는다고 합니다. 이유인즉 벌거벗은 몸을 교인들에게 보이는 것이 목사의 권위에 손상을 가져오는 것이기에 그렇다고 합니다. 어느 신학교에서는 그렇게 가르친다고 합니다. 그래서 그런지 인근 온천에 가면 안면이 익은 목사님을 종종 만나게 되는데 혼자서 왔거나 동료 목사끼리 그룹을 지어 오는 경우를 보게 됩니다.

벌거벗은 목욕탕이 얼마나 끈끈한 유대감과 친근감을 느끼게 하는지 목사님은 모르는 모양입니다. 목사의 권위는 옷을 입고 벗고 에 있는 것이 아니라 경건의 삶과 온유함 그리고 끊임없는 성찰을 통해 그리스도의 종으로서 나아감으로써 교인들로부터 존경을 받을 때야 비로소 권위가 생긴다는 것을 모르는 모양입니다.

평소 말 수가 적은 사람일수록 목욕탕 같은 곳에서는 남과 쉽게 대화를 나눈다고 하니 교인과 함께 와서 서로 등을 밀어주며 이야기를 나눌 수 있다면 백 마디의 설교보다 교인의 마음을 잡는 데 훨씬 효과적일 것이라는 생각이 듭니다.

어느 날 직장 동료와 함께 목욕탕엘 갔습니다. 평소 기독교에 대해 비판적인 그에게 전도하는 일이 어렵다는 것을 인지한 나는 가능하면 그와 친해지려고 목욕탕엘 자주 가기로 했습니다.

보통 사람들은 따뜻한 물속에 들어 앉아 있을 때 아늑함과 편안함을 느낀다고 합니다. 그것은 어머니의 양수 속에서 태아가 느꼈던 편안함과 흡사하기 때문이라는데, 목욕탕 속에 들어 앉아 대화를 나누다 보면 이상하리만치 친밀감을 느끼게 됩니다. 물론 미워하는 원수나 빚쟁이와 목욕탕엘 가는 사람은 없겠지만 그렇다고 목욕탕은 꼭 허물이 없이 친근한 사람과 함께 가는 곳도 아닙니다.

건강이 인사말이 되어버린 요즘에는 사업에 관한 흥정이나 로비를 아예 목욕탕에서 만나 성사를 시킨다고 하니 벌거벗고 어머니의 양수 속에 들어 앉아 있던 잠재된 태아의 기억을 이용하는 것을 굳이 심리적 상술이라고 나무랄 수는 없겠습니다.

직장 동료와 목욕을 하던 날, 목욕탕에 한패의 사람들이 들어왔습니다. 그들이 나누는 대화로 봐서 그들의 직업이 목사라는 것을 쉽게 알 수 있었습니다.

목회에 성공한 어느 목사의 이야기, 교회운영과 장로와의 갈등, 뒤이어 서로 뒤질세라 자기교회 장로에 대한 험담 나누기, 교회 건축에 관한 이야기, 그리고 들릴락 말락 하게 작은 소리로 이번에는 아무개 목사를 밀어주자고 소곤거렸습니다. 아마 교단에 선거가 있는 것 같았습니다.

그들과 우리는 전혀 모르는 사람이었기 때문에 그들은 우리의 눈치 같은 것은 아랑곳없이 스스럼없이 이야기를 했지만, 나는 그들의 대화를 엿듣는 것으로 목사들의 대화가 저런 것이구나 하는 거북한 마음이 들었습니다.

대화가 마침 인터넷예배로 흘러가는 듯했는데 그중 나이가 많아 보이는 목사가 인터넷예배에 매우 비판적인 목소리를 냈습니다.

"고것은 예배가 아니어…"

옆에 목사가 거들었습니다.

"그렇게 되면, 예배를 언제든지 다운받아 볼 수 있기 때문에 젊은 사람들이 교회에 안 나오기에 십상이지요."

다시 나이 많은 목사가 말을 했습니다.

"나 같이 인터넷을 생판 모르는 컴맹은 죽으란 말여?…"

그러자 나이 젊은 목사가 이들을 보며 나섰습니다.

"목사님은 인터넷을 몰라도 돼요. 교회사무실에 컴퓨터 잘하는 야무진 여자 아일 하나 두면 하등 문제 될게 없거든요."

"그래도 그렇지…."

나이 많은 목사는 무엇인가 내키지 않은 모양이었습니다.

"아하 헌금이요? 고것은 간단하구먼요. 인터넷 홈페이지를 만들고 온라인 계좌를 알려주면 교회 안 나와도 헌금하는 데는 지장이 전혀 없구먼요."

옆에 목사가 반기며 나이 많은 목사를 쳐다봤습니다.

"참 좋은 세상입니다. 나도 그것이 걱정이었는데…."

젊은 목사는 신바람이 나서 보충설명을 했습니다.

"십일조, 감사헌금, 절기헌금, 선교헌금, 건축헌금을 표시토록 하고 온라인계좌로 헌금을 보낸 후엔 목사님 휴대전화로 헌금을 보냈다는 메시지를 넣도록 하면 누가 얼마나 했는지를 금방 알 수 있거든요. 아주 간단합니다." 젊은 목사가 씨익 웃었습니다.

"헌금이 줄지 않는단 말이지요?"

몇 번이고 나이 먹은 목사가 묻고 젊은 목사가 안심을 시켰습니다.

그들이 목욕탕을 나가고 그 대화를 들었던 직장동료가 혼잣말로 중얼거렸습니다.

"돈에 환장을 했구먼…저러니까 내가 교회를 안 나가는 겁니다."

순간 전도는 물 건너갔다는 생각이 들었습니다. 나는 애써 다른 이야기도 많은데 하필이면 헌금에 관해서만 귀담아들었냐며 때 늦게 목사 편을 들었지만 쥐구멍에라도 들어가고 싶은 심정이었습니다.

하나님의 계좌는 번호가 없다는 것을 다시 생각하게 되었습니다.

하나님은 신령과 진정으로 예배하는 자를 원하시며 그의 계좌는 언제든지 열려있지만, 하나님의 계좌를 통해 송금받는 이가 교회도 목사님도 그 누구도 아닌 가난한 자, 굶주린 자, 병든 자, 소외된 자, 버림받은 자, 의지할 데 없는 노인과 도움의 손길이 필요한 과부와 헐벗은 어린아이라는 것을…

이 같은 생각을 직장동료도 하고 있었습니다. 그리고 만약 이런 교회가 있다면 당장에라도 나가겠다고 그가 말했습니다.

"화 있을진저 외식하는 서기관들과 바리새인들이여 회칠한 무덤 같으니 겉으로는 아름답게 보이나 그 안에는 죽은 사람의 뼈와 모든 더러운 것이 가득하도다." (마태복음 23장 27절)

"노인네 집을 빼앗아 골프를 쳐?"

직장 상사인 그분은 인품이 훌륭했습니다. 아래 사람을 나무랄 때도 아무도 없고 혼자 있을 때에 야단을 쳤습니다. 꾸중에도 아버지나 형에게서나 느낄 수 있는 따뜻한 사랑이 담겨 있었기에 그에게서 꾸중을 들어도 별로 기분이 나쁘지 않았습니다. 온화한 성격 때문에 끊고 맺는 것을 못해 우유부단하다는 말을 들었지만 적이 없이 누구나 그를 좋아했습니다.

나는 사람 좋은 그가 예수를 믿게 된다면 많은 사람에게 영향을 줄 것이라는 생각을 했습니다. 한창 신앙에 열심을 내던 나는 그에게 전도를 하기로 마음을 먹었습니다.

사실 아랫사람 같은 경우에야 함께 교회를 나가자고 구슬리거나 아님 다소 명령조로 동의를 얻어내기가 쉬운데 윗사람에게 전도하기란 그리 녹녹하지가 않습니다. 그래서 먼저 나는 그와 친하기로 했습니다. 그렇게 일 년을 지나고 나자 내가 응석을 부려도 될 정도로 허물없는 사이가 되었습니다.

어느 날 그가 나를 집으로 초대했습니다. 저녁초대를 받은 나는 전도를 할 시간을 얻기 위해 일부러 일찍 도착했습니다. 차 한 잔을 앞에 놓고 나는 전도 할 기회를 엿보느라 이런저런 실없는 말을 늘어놓으며 그의 눈치를 살폈습니다. 그런데 정작 "예수님을 믿으라."는 말이 입에서 떨어지지 않았습니다. 고작해야 "어쩜 화초를 잘 가꾸었느냐" "집이 아주 시원한데 직접 지었느냐" 같은 하나마나한 물음을 던졌습니다. 그 또한 내 질문을 건성으로 대답하며 내 앞에 과일을 내밀었습니다.

"부장님! 제가 예수쟁이인데요. 예수 한 번 믿어 볼래요?"

그가 배시시 웃었습니다. 웬 뜬금없는 소리를 하냐고 윽박지르면 그 다음을 대처하기란 무척 막막할 텐데 다행스럽다는 생각이 들었습니다.

"나 보고 예수쟁이가 되란 말이지? 그러려면 교회를 다녀야 하는데 난 싫어…."

"왜요. 교회가 얼마나 좋은데요. 부장님 적성에 딱 맞을 건데요."

"그래도 교회는 싫어…."

나는 설득하고 그는 완강히 뿌리쳤습니다. 그런 사이에 음식이 나왔습니다. 음식을 앞에 두고도 내가 교회에 나가기를 권면하자 그가 웃으면서 예수쟁이들의 끈질김은 알아 줘야 한다고 말했습니다. 그러면서 자기가 왜 교회를 다니지 않는지 그 이유를 말했습니다.

"우리 집 바로 앞, 저 집에 누가 사는지 아는가?"

그가 담장 너머를 손가락으로 가리켰다.

"바로 목사가 사는 집이야. 아침마다 골프채로 스윙 연습을 하기에 처음에 난 무슨 대기업 회장이나 중역쯤 된 사람인 줄 알았는데 내 마누라가 그러는데 그 사람이 목사라는 거야…."

“······”

“그런데 내가 지난번에 우리 고향엘 갔어, 오랜만에 고향 사람들을 만나보려고 갔는데 고향이 많이 변해서 조금은 낯설게도 느껴지더군. 우리 동네에 예전에 없던 커다란 교회당이 세워져 있더라고, 아주 잘 지어진 건물을 보면서 나 혼자 생각했어, 이 작은 동네에 저렇게 큰 교회당이 과연 필요할까 하고….”

“교회가 있는 것이 술집이 있는 것보다야 좋지 않겠어요?”

내가 그의 말을 끊었습니다.

“비아냥거리지 말고 내 얘길 끝까지 들어봐!”

그의 말에 약간의 노기가 섞여 있었습니다. 그가 계속 말을 이어 갔습니다.

“내가 그 동네 어른들을 일일이 찾아뵙고 문안인사를 하고 다니는데 내가 어렸을 적에 누님같이 따르던 분을 만났어, 그분은 벌써 팔순이 넘어 몸이 바람에 날아갈 것처럼 가벼워 보였는데 눈빛만은 여전히 따뜻한 기운이 남아 있었어, 수년 전에 그녀를 부양하던 자식이 이민을 떠나고 지금은 아무도 돌봐주는 이가 없이 혼자서 외롭게 산다는 거야. 제 어미를 버리고 떠난 자식의 무정함을 탓하면 뭐 하겠어? 요즘 세태가 다 그런걸…. 그런데 기가 막히는 소릴 들었어, 노인이 생각하길 외로움을 달랠 겸, 또 교회를 다니다 죽으면 천국엘 간다고 해서 이웃에 세워진 교회를 나갔다는 거야, 그런데 그 교회 목사라는 놈이 노인에게 한다는 소리가 “천국에 보물을 쌓아 두어야 하는데 그깟 집을 가지고 있어서 뭐하나? 교회에 헌금으로 바치면 큰 복을 받는다.”고 하더라는 거야, 자식들이 이민을 떠나면서 하숙이라도 치며 살라고 집을 어머니에게 물려주고 간 모양인데, 막말로 말하면 죽을 때가 되었는데 무슨 집이 필요하냐? 교회에다 바쳐라! 하는 것이 아니고 무엇이겠어, 천국엘 가자니 교회에 집을 바쳐야 하고, 집이 없어지면 살길이 막막하니… 어떡하겠어?, 노인이 내 손을 붙잡고 울더란 말이야, 그래서 내가 그놈의 교회 다니지 말라고 했어!"

"잘했네요. 그 목사가 생각이 많이 부족했네요."

"난 그런 목사 만날까 봐서 교회 안 나가, 목사라는 사람이 노인네 집을 빼앗아 골프를 쳐?"

결론이 참으로 어이없었습니다. 그는 고향 교회목사와 앞집 목사를 연결시켜 말하고 있는 것이 분명했습니다. 나는 노숙자에게 밥 퍼주는 목사, 장애인을 돕는 목사, 독거노인을 돕는 목사 이야기를 하며 세상에는 좋은 목사가 더 많다고 설득했지만 그의 마음을 돌이키기에는 역부족이었습니다.

목회자 한 사람의 말과 행동이 얼마나 중요한가를 생각했습니다. 목회자가 한 사람을 실족케 한다면 아무리 큰 교회를 짓고, 아무리 설교를 잘한들 무슨 소용이 있겠습니까?

"이같이 너희 빛을 사람 앞에 비추게 하여 저희로 너희 착한 행실을 보고 하늘에 계신 너희 아버지께 영광을 돌리게 하라." (마태복음 5장 16절)

10

"일을 저지르면 하나님이 겁낸다"

"우리 집 아이가 세 살 적에 자꾸만 높은 데 올라가서 뛰어내려요. 밑에 있는 내가 받아주니까 녀석이 아주 재미를 붙여서 점점 더 높은 데 올라가서 뛰어내리더라고요. 여러분! 아이가 누가 받아줄 것이라고 믿으니까 높은 데서 뛰어내리지요?"

"아버지가요."

"높은 데 올라가 뛰어내리면 정말 놀란 사람은 누구겠어요?"

"아버지요."

"맞습니다. 우리가 높은 곳에서 뛰어내리면 누가 놀라겠습니까?"

"하나님이요."

"맞습니다. 우리가 일을 저지르면 하나님이 겁을 냅니다."

"아멘!"

"사랑하는 성도 여러분! 교회를 위해 일을 저지르시기 바랍니다. 하나님께서 다 해결해 주실 줄 믿으시기 바랍니다."

이것은 내가 참석했던 어느 시골교회 부흥회에서 부흥강사의 설교와 교인들이 반응입니다.

이쯤 되면 하나님을 협박하는 수준에 이르렀다는 것을 알 수 있습니다. 물론 구하고 믿고 확신하면 이루어주신다는 말씀이 성경에 쓰여 있습니다. 그러나 그것은 선한 일을 위해 구하는 것이지 사람의 생각처럼 아무것이나 구하는 것은 아닙니다.

문제는 많은 한국교회가 이처럼 황당하기 짝이 없는 믿음 아닌 믿음을 확신하고 있다는데 위험성이 큽니다. 이러한 잘못된 믿음이 사이비적인 기복신앙을 키우게 됩니다.

대표적인 것이 아무런 대책 없이 대형교회를 건축하는 일인데 교회 건축을 위해 진 빚은 고스란히 교인들이 떠안게 됩니다. 교회 빚이 다 갚기까지 설교 때마다 목사는 헌금을 강요하게 되며 장로나 권사, 집사 등 제직은 헌금을 약정해야 합니다. 이로 인해 교인들은 자신의 생활과는 무관한 빚을 지고 괴로움을 받게 되는데 신앙생활의 즐거움은 사라지고 교인들이 모였다 하면 건축으로 짊어진 빚에 대한 걱정만을 늘어놓게 됩니다. 그러다 일부는 교회를 떠나 이 교회 저 교회로 유랑하게 되고 끝까지 남은 사람들은 자신들이 교회를 지었다는 성취감보다는 하나님을 위해서 큰일을 했다는 자만심을 갖게 됩니다.

교회건축을 주도한 목사는 성공한 목회자로 목회자 사회에서 인정받게 되고 여기저기 초청받아 자랑스럽게 교회건축과 관련해서 비결과 후일담을 늘어놓게 되는데 교인들의 피와 땀과 허리를 졸라매고 고생했다는 이야기는 없고 대신 "일을 저지르면 하나님이 책임지더라."는 식의 말을 서슴없이 하게 됩니다. 모든 것은 하나님이 예비하시고 주시더라는 식으로 말하는 경우가 허다합니다.

이런 목사일수록 대담하게 담력이 생겨 수백억 원의 빚을 지는 것쯤은 두려워하지 않고 기도원을 한다며 산을 사들이기도 하고, 교회

인근의 건물들을 매입하여 교회재산을 늘려나갑니다.

신기한 것은 교회이기 때문에 시간이 지나면서 그 많은 빚을 갚을 수 있다는 점입니다.

내가 아는 대전의 어느 대형교회는 교회 옆의 부지매입을 위해 전 교인이 오랫동안 철야기도회를 가졌는데 결국 부지를 매입한 이후에는 그 땅값이 크게 오르게 해 달라고 교인들로 조를 짜서 릴레이 기도를 시켰다고 합니다. 그 교회가 사이비나 이단이 아니라 한국교회 보수 교단을 대표하는 교회이며 목사 또한 기독교방송에 자주 나오는 유명한 분이라서 한국교회의 실상이 어느 정도인지 진단할 수 있습니다.

목사는 성공한 목회자로 이름을 날리고, 교인들은 대형교회를 제 손으로 건축했다며 자랑스러워할 지 모르지만 하늘에 계신 하나님은 이 모습을 굽어보시고 꾸짖을 것입니다.

이렇게 교회당을 짓고 나면 목회자는 교회 건물을 자신의 소유라고 생각하게 됩니다. 또한 교회 건축에 재정적으로 힘을 보탠 교인들은 마치 자신들이 신라왕국의 성골이나 진골이 된 것처럼 행세를 하게 됩니다. 이들은 교회에서 영향력을 행사하며 그들끼리 똘똘 뭉쳐 교회의 주인인 것처럼 행세를 합니다. 뒤늦게 들어 온 교인들과는 확연하게 구분되어 보입니다. 교회는 정체되며 확장력을 잃어버리고 지극히 보수화되어 버립니다.

"돈을 사랑함이 일만 악의 뿌리가 되나니 이것을 사모하는 자들이 미혹을 받아 믿음에서 떠나 많은 근심으로써 자기를 찔렀도다." (디모데전서 6장 10절)

11

"집사님! 전세가 있다는 말을 하지 마세요"

교회건축이 초미의 관심사였습니다.

"이 전이 황무하였거늘 너희가 이때에 판벽한 집에 거하는 것이 가하냐?" 구약성서 학개서를 인용하며 목사님은 야단을 쳤습니다.

개척한 지 불과 햇수로 3년밖에 되지 않아서 교인들이라고 해봤자 열 가정 정도밖에는 되지 않았기 때문에 교회를 건축한다는 것은 애당초 꿈도 꾸지 못할 일이었지만 목사님이 대한민국에서 땅값 비싸기로 소문 난 서울 강남에 덜렁 땅을 계약하고 온 뒤라서 교회건축은 교인들에게 이만저만한 걱정거리가 아니었습니다.

가난한 사람들이 사는 변두리 동네에서 열 평 남짓한 셋방을 얻어 개척교회를 꾸려나가는 입장에서 계약한 땅 값하며 건축비를 부담해서 교회를 짓는다는 것은 정말 불가능한 일이었습니다.

걱정하는 교인들은 향해 그는 믿음이 부족하다고 꾸짖었으며 교인들은 필사적으로 기도에 매달렸습니다. 그의 설교는 하나님은 머리 둘 곳조차 없는데 교인들이 집을 가지고 있는 것은 신앙이 부족한 것이라 했습니다.

집 없이 가난한 사람들은 드릴 것이 없어 고통스러웠고, 집을 소유한 사람들은 마치 죄인이라도 되는 것처럼 마음이 무거웠습니다. 결국 가난한 교인들은 교회를 떠났고 집을 소유한 사람 중에는 집을 팔거나 전세로 옮겨 앉으면서 교회에 건축헌금을 냈습니다.

교회건축이 시작되고 1층에 콘크리트를 치자 집을 팔고 갈 곳이 없는 몇 가정은 교회지하실을 블록으로 막아 임시로 꾸민 지하방에 들어와 살게 되었습니다. 그들은 여름 장마철 내내 어둡고 습한 지하방에서 고단한 생활을 했습니다. 거듭되는 철야기도회로 그들은 잠을 설쳐야 했으며 가족 중에 학생이 있거나 노인을 모시는 가정은 시간이 지날수록 얼굴에 피곤한 그늘이 역력해 보였습니다.

목사님은 시간이 있을 때마다 그들의 헌신적인 신앙을 칭찬했지만, 가족 전체를 곤경에 빠뜨리면서까지 교회건축에 열성을 낸 그들의 행동을 무모하기 짝이 없는 결정이라 생각 하는 사람들도 많았습니다.

그러나 그분들의 노력과는 달리 교회건축이 갑자기 중단하는 사태가 왔습니다. 건축업자인 아무개 장로가 부도를 내고 감옥에 들어간 것입니다. 한 마디로 돈을 떼인 것입니다. 목사님과 교인 몇이서 그를 찾아 면회를 갔는데 그의 말이 "이 교회 돈 받아 저 교회 짓고, 저 교회 돈 받아 이 교회 짓다 보니 그렇게 되었다며 어디 하나님의 전대가 교회마다 따로 있느냐"며 오히려 큰소리를 치더라는 것입니다. "가만히 있어도 하나님이 자신을 감옥에서 꺼내 주실 것"이라고 했다며 보통 통이 큰 사람이 아니라고 그를 면회 간 사람들이 혀를 내둘렀습니다.

교회는 뼈대만 앙상하게 드러낸 채로 교인들의 가슴을 아프게 했습니다. 지하방에 사는 교인들의 심정은 오죽했겠는가 짐작이 갔습니다. 얼마 동안 앙상한 뼈대 위에 지붕을 대신해서 천막을 치고 예배를 드려야 했습니다.

목사님은 다시 건축헌금을 말했으며 교인들도 필사적으로 기도를 시작했습니다. 여름에 시작한 교회는 짧은 겨울 해만큼이나 빠르게 한 해를 넘기게 되었고 천막 밑에서 한 차례 교회건축을 위한 부흥회도 가졌습니다.

목사님이 우리 집을 심방했습니다.

목사님의 심방은 언제나 고마움과 감동을 갖게 합니다. 그가 교회건축의 어려움을 토로하며 내게 도움을 요청했습니다. 30대 직장인이던 나는 넉넉잖은 월급으로 겨우 생활을 지탱하고 있던 터라서 교회의 어려움을 애써 외면할 수밖에는 없었고 교회건축에 열성적인 분들을 가능하면 마주치지 않으려고 예배가 끝나기가 무섭게 달아나듯 돌아오곤 했는데 이번에는 정말 외통수로 걸리고 말았다는 생각이 들었습니다.

'빚을 진다?'

'까짓것, 젊은데 저질러 놓으면 갚을 수 있겠지?'

'아니 쥐꼬리만 한 월급으로 어떻게? 도둑질을 하기 전에는 모를까.'

'명색이 안수집사인데 체면이 있잖은가? 남들은 집을 팔기도 했는데….'

'뭘 생각하고 있냐? 이 집을 마련하기까지 셋방만 열두 번을 이사했는데…. 정신 바짝 차리자.'

짧은 순간 손바닥 뒤집듯 생각들이 머리를 혼란하게 했습니다. 그가 내 생각을 알고 있기라도 하는지 쐐기를 박듯 말을 했습니다.

"집사님! 정 어려우시면 집을 은행에 잡혀서 융자를 받아주시면
안 될까요?"

"……."

내가 미처 대답을 못 하자 그가 성급하게 말을 해왔습니다.

"원금이야 교회에서 갚아야지요. 집사님은 이자만 내면….”

'집을 팔지 않아서 얼마나 다행인가? 사채를 내는 것보다야 백번
낫지'하는 마음이 들었습니다. 그래서 대출을 받기 위해 은행에 가는
날짜를 잡았습니다.

은행은 확실히 돈 냄새가 났습니다. 돈이 구리다고 하지만 구린내
가 아니라 향내가 났습니다. 나는 아파트 등기서류를 들고 목사님을
기다렸습니다. 목사님이 은행원과 수인사를 하는 것으로 봐서 이미
약속이 되어 있어 보였습니다. 목사님이 은행원에게 무엇이라 말하
자 문간에 있는 나를 향해 은행원이 가볍게 웃어 보였습니다. 대출을
해주는 은행원이 5%의 구전을 먹는다고 목사님이 내게 귀띔해준 일
이 생각났습니다.

'바로 구전을 먹는 놈이 저 녀석인가 보다.'라고 생각하고 있는데
목사님이 내게 다가와 귓속말로 말을 했다.

"집사님! 전세가 있다는 말은 하지 마세요. 만약 묻거든 없다고 하
세요."

방 한 칸을 전세를 주고 있다는 것을 목사님은 이미 알고 있었습
니다.

"목사님! 그런 거짓말을 해도 될까요?"

"아무렴요. 좋은 일을 위한 거짓말은 죄가 되지 않거든요."

나는 그와의 약속대로 은행원이 묻는 질문에 고개를 가로저으며 전세를 주지 않았다고 거짓말을 했습니다. 은행원의 질문이 의례적이라는 것을 내가 알 듯, 은행원도 내가 그런 대답을 할 것이라는 것을 뻔히 알고 있었고, 그 같은 요식행위가 구전을 먹는 데 필요했던 것입니다. 서류에 도장을 찍어 주고, 등기서류를 넘겨주고, 구전과 선이자를 떼고 돈이 창구에서 나왔습니다. 내 등 뒤에는 그림자처럼 목사님, 그가 서 있었습니다.

"거짓 선지자들을 삼가라 양의 옷을 입고 너희에게 나아오나 속에는 노략질하는 이리라." (마태복음 7장 15절)

12

"목사님 몫으로 반은 드려야지요"

한 여자가 목사님을 찾아왔습니다. 충청도 연기군이 고향이라는 이 여자는 땅 문제로 형제들과 제판을 진행 중에 있었습니다. 송사내용이라는 것이 땅 보상비를 서로 더 많이 차지하기 위해 형제들과 이전투구를 벌리는 꼴사납고 치졸하기 짝이 없는 것이었는데 여자의 말이 특별히 기도에 능력이 있다는 소문을 듣고 목사님을 찾아왔다는 것입니다.

여자가 찾아온 용건은 고향은 수년 전까지 아버지가 홀로 농사를 짓다 돌아가셨고 그곳에 행정복합도시가 들어오게 되어 땅이 수용되고 보상이 나오게 되었는데 보상비를 남자 동생들이 차지하려고 한다는 것이었습니다. 2남 1녀 중 장녀인 그녀의 말에 따르면 평소에 남자 동생들이 부모에게 못 했을 뿐 아니라 동생들이 서울에서 대학을 다니느라 아버지로부터 등록금을 받아 쓴 돈을 계산하면 똑같이 나누는 것도 부당한데 더 차지하려고 한다며 그래서 재판을 하고 있다는 것입니다.

목사님은 기도에 능력이 있다는 소문을 듣고 찾아왔다는 여자의

말에 다소 기분이 좋았지만 이런 문제로 시간을 보낼 만큼 한가롭지
가 않았습니다.

"형제들이 조금씩 양보하고… 의논해서 해결하는 것이…."

목사님은 여자가 눈치를 채도록 자꾸만 시계를 올려다봤지만 여자
는 계속 말을 했습니다.

"의논이요? 형제가 아니고 원수가 되었는데 의논이라니요? 엊그
제가 아버지 제삿날이었는데 그날 이 문제로 대판 싸웠어요. 돈 앞에
서는 위아래가 없더라고요. 그놈들이 삿대질을 하며 입에 담지 못할
욕을 하는데…. 기가 막혔어요."

"그런 문제는 아무래도 다니시는 교회 목사님과 의논하는 것이 좋
겠군요."

목사님은 이 문제를 가지고 더 이상 말하고 싶지가 않았습니다.
이 같잖은 문제는 관여하고 싶지가 않았습니다. 그러나 여자는 만만
치 않았습니다.

"우리 교회 목사님은 이런 일에 전혀 관심이 없어요. 관심이 없을
뿐 아니라 야단을 치거든요. 말이 안 통해요. 성도에 대한 사랑이 부
족하던지 아니면 해결할 만큼 기도에 능력이 없던지…."

여자는 무엇인가 얻기 전에는 돌아가지 않을 것만 같았습니다.

목사님은 할 수 없다는 생각이 들었습니다. 여자를 빨리 내보내기
위해서라도 기도를 해주어야 했습니다. 기도 내용이 맘에 들지 않으
면 여자가 다시 찾아올 것이라는 생각이 들어서인지 목사님은 그녀
가 원하는 쪽으로 기도를 했습니다. 그는 자신이 한 기도를 정확히
기억하지 못했습니다. 그저 중언부언했을 뿐인데 기도 사이마다 여
자는 큰 소리로 아멘을 외쳤습니다. 기도가 끝나자 몇 번이고 고맙다

고 머리를 조아린 후 여자는 돌아갔습니다.

그런 일이 있고 몇 달이 지나 여자가 다시 목사님을 찾아왔습니다. 그녀의 손에 들려진 과일 바구니를 보면서 이번에는 무슨 부탁을 하려고 온 것인지 자못 궁금했습니다. 그리고 약속도 없이 불쑥 찾아온 무례함이 짜증났습니다.

여자가 환하게 웃어 보였습니다. 옷차림부터가 저번과는 달랐습니다. 나이에 걸맞지 않게 연노란 원피스를 차려입고 한 손에는 명품 브랜드 핸드백을 들고 있었습니다.

"정말 목사님은 기도의 능력이 대단한 분이네요. 목사님이 그때 기도해 줘서 재판에서 이기게 되었거든요."

"원, 별 말씀을…."

목사님은 안도했습니다. 금방까지 찰거머리에 무례한 여자로 보이던 것이 감사할 줄 아는 품위 있는 여자로 바꿔 보였습니다. 여자는 수없이 고맙다는 인사를 하면서 핸드백에서 봉투를 꺼내놓았습니다.

"목사님, 제가 알아보니까 타고 다니시는 차가 오래된 것이라던데 이것으로 새 차를 한 대 뽑으세요."

여자가 봉투를 그에게 내밀었습니다.

"아니 이러시면 안 됩니다. 제가 한 일이 뭐 있다고 이러십니까?" 그는 봉투를 다시 여자 쪽으로 밀쳐냈습니다.

"목사님의 기도가 없었다면 그 아귀 같은 놈들한데 어떻게 이길 수 있었겠어요? 감사의 표시예요."

그 순간 여자의 말대로 타고 다니는 자동차가 생각났습니다. 동료 목사 모임에 갈 때면 얼마나 초라했던가? 교회에 손 벌리지 않고 새 차를 살 수 있다면 그것도 나쁘지 않겠다는 생각이 들었습니다. 그렇지만 불쑥 찾아온 여자에게 기도 한번 해주고 받는 대가치고는 너무 과하다는 생각에 아무래도 기분이 찜찜했습니다. 대박이라는 것이 이런 것인가? 그는 갈피를 잡기가 힘들었습니다.

"목사님! 이것 5천만 원밖에 안 됩니다. 받아주세요. 자꾸만 이러시면 제가 부끄럽지요."

여자가 다시 봉투를 내밀었습니다.

"정 그러시다면 십일조를 하십시오."

자신의 생각과는 전혀 다른 말이 그의 입에서 불쑥 튀어나갔습니다. 여자가 엉거주춤 봉투를 핸드백에 넣으며 알겠다고 자리를 떴습니다.

얼마 후에 여자가 십일조로 2억 원을 보내왔습니다. 당회가 열리고 목사로부터 자초지종을 들은 장로들은 목사님이 5천만 원을 거절해서 결국 2억 원을 받을 수 있게 되었다며 목사님이 수완이 보통이 아니라고 목사님을 치켜세웠습니다. 장로 한 사람이 제안을 했습니다.

"우리 교회 교인도 아니고 솔직히 목사님 혼자서 노력해서 생긴 헌금인데 반만 교회 수입으로 잡고, 목사님 몫으로 반은 드려야지요. 안 그렇습니까?"

모두 고개를 끄덕거렸습니다.

위 이야기는 목사의 몫으로 반을 주어야 한다고 제안했던 그 교회 장로로부터 들은 내용을 정리한 것입니다. 그는 자랑스럽게 말했지만 나는 분노와 슬픔을 느꼈습니다.

"저희에게 이르시되 삼가 모든 탐심을 물리치라 사람의 생명이 그 소유의 넉넉한 데 있지 아니하니라." (누가복음 12장 15절)

13

제발 저주의 칼날을 버려라

내가 다니던 교회에 나이가 많은 노인 권사님 한 분이 계셨습니다. 평생을 새벽기도 재단을 쌓을 정도로 기도를 많이 하는 분이셨는데 목사님은 그에게만은 회중기도를 시키지 않았습니다.

어느 주일날에 노인 권사님께 기도를 시켰다가 어찌나 기도가 긴지 그만 예배시간의 절반을 회중 기도가 차지한 적이 있습니다. 그 이후, 목사님뿐 아니라 교인들도 권사님의 대표기도만은 피하는 눈치였습니다. 노인 권사님 때문에 목사님의 고생은 이만저만이 아니었습니다. 새벽기도회에 드리는 권사님의 기도는 새벽을 지나 아침까지 계속되었으므로 목사님은 체면상 먼저 자리를 뜰 수가 없어서 권사님의 기도가 끝나기를 기다릴 수밖에 없었습니다. 그래도 목사님은 이 노인 권사님이 기도에 은사가 있는 분으로 믿어선지 교회에 어려운 일이 생기면 권사님을 찾아가 기도를 부탁하곤 했습니다.

하루는 목사님이 예배 중에 "누구든 성령의 인도하심이 있는 분이 오늘 기도를 해 주시면 고맙겠습니다." 하고 불특정 다수를 향해 회중 기도할 사람을 찾고 있었습니다.

노인 권사님이 기다렸다는 듯이 기도를 시작했습니다. 그런데 북한 동포도 예수 믿고 복 받게 해달라는 기도 내용 중에 갑자기 소리를 높여 "주여! 저들에게 불벼락을 내려 주옵소서. 어서 속히 뜨거운 불벼락을 내려 그 땅에서 싹 쓸어버리소서." 하는 것이었습니다. 아마 북녘의 김 아무개 수령을 비롯한 북한의 지도체제를 염두에 두고 하는 기도인 듯했습니다.

그럴 만도 했습니다. 우리가 그동안 받아온 반공 이념 교육이라는 것이 "때려잡자. 김 아무개!" 식이었으니 북한 동포를 억압하고 굶주림에 시달리게 한 저들을 능지처참이라도 해야 할 대상으로 생각하는 것이 당연할 것입니다. 권사님의 기도에는 저들을 멸하지 않고 여태까지 뭐했느냐는 식의 원망이 묻어있었습니다. 기도는 이루어지도록 믿고 간구하는 것인데 과연 하나님께서 그런 기도에 응답하실까요? 하나님께서 응답하실 수 있는 합당한 기도일까요? 혹시 하나님을 나의 원수를 대신 응징하시는 복수하시는 하나님으로 잘 못 생각하고 있지는 않은가요? 신을 불러내 종 부리듯 하는 이교도의 신앙이 잠재된 것은 아닐까요?

성경적이지 못하고 자신의 감정이 실린 잘 못된 기도가 많습니다. 정치적 좌우성향에 치우쳐 있음을 간간이 보게 됩니다. 이들의 기도를 들어보면 노인 권사님이 말하는 불벼락을 맞아 죽을 사람들이 너무나 많습니다. 노동현장에서 쟁의를 펼치고 있는 노동자가 그렇고 미선, 효선의 죽음과 관련해 불공평한 한미소파협정 개정을 외치며 추모 촛불시위를 하는 운동권 사람들이 그렇고, 이라크파병반대 국민운동을 펼치는 학생들이 그렇고, 친일반민족행위자 진상을 규명

하자고 주장을 하는 사람이 그렇고, 미국의 정책에 조금이라도 비판적인 사람은 불벼락을 맞아 죽어야 한다고 생각하는 사람들이 있습니다. 소위 극우적 사고가 자신의 신앙심을 점령하고 있어 회중 기도를 할 때에도 저주의 기도를 곧잘 합니다.

반면에 극좌적 사고에 젖어 있는 사람들도 있습니다. 이들이 생각하는 불벼락을 맞아야 할 사람으로 재벌을, 과거 군사정부에 협력한 세력, 땀 흘리지 않고 머리를 써서 돈을 모은 사람 등 이른바 기득권자를 적대시합니다. 이들도 기도를 투쟁에 한 방편으로 생각하는 것 같습니다.

이런 기도들은 모두 하나님을 무시하는 행위입니다. 하나님을 업신여기는 불충한 행동입니다. 불신앙보다 더 악한 행위입니다. 이젠 저주의 기도를 집어치워야 합니다. 이런 자들은 차라리 조용히 묵상하는 것이 은혜롭습니다.

요즘에는 나라 경제를 위해 기도하는 사람들이 많습니다. 많을 정도가 아니라 기도의 고정 메뉴가 되었습니다. 어떤 교회는 '나라 경제를 위한 기도회'를 별도로 갖기도 합니다. 나라 경제가 잘 돌아가는 것도 좋고, 경제가 좋아져서 국민생활이 윤택해지는 것도 좋습니다. 그러나 내가 생각하기로는 하나님께 경제를 살려달라고 기도하는 것은 아무래도 기독교 신앙과는 무관하다는 생각이 듭니다.

경제가 무엇입니까? 돈을 은행에 맡기거나 누구에게 빌려주면 이자가 붙습니다. 더욱 많은 이윤을 얻기 위해 채권이나 주식을 사고팔기도 합니다. 목이 좋은 땅을 사두었다 팔아서 재미를 봅니다. 자본주의사회에서는 돈놀이를 잘하면 일확천금을 얻을 수 있습니다.

성경은 무엇이라 말합니까? 돈놀이하지 말라고 합니다. 빌려주지 말고 거저 주라고 합니다.

성경은 수 천 년 전에 쓰인 낡은 것이고, 인류가 발전한 지금의 경제이론은 그렇지 않다고 강변한다면 사람은 성경을 하나님의 말씀으로 믿고 있는 사람이 아닙니다. 제발 하나님을 자본주의 경제이론 속에 가두어 놓지 마십시오.

경제적 논리는 획득을 말하지만 성경적 논리는 나눔을 말합니다. 그 중간은 없습니다. 그럼으로 땀 흘려 벌고 건전한 소비를 통해 번 만큼의 나눔이 자본주의 틀 안에서 살아가는 우리로서는 최선의 방법일 것입니다.

재물을 얻기 위한 기도 보다는 나눔을 위한 기도가 신앙인의 자세입니다. 열심히 일해 경제를 일으키는 것은 사람의 몫이라면 나눔을 위한 선한 마음을 주는 것은 하나님이 하시는 일이다. 따라서 하나님이 하실 일을 위해 기도하는 일은 아름다운 일이며 기독교인의 마땅한 책무입니다.

선한 기도를 하는 사람은 선한 사람이며, 악한 기도를 하는 사람은 악한 사람입니다. 선한 기도는 하나님께서 기쁨으로 응답하지만 악한 기도는 하나님께서 악하게 보시고 응답하지 않습니다. 악한 기도는 하나님의 일을 생각지 않고 사람의 이익만을 위한 것이니 만일 이루어졌다고 해도 하나님과는 무관한 일이며 그로 인해 결국 망하게 됩니다.

"선한 사람은 마음의 쌓은 선에서 선을 내고 악한 자는 그 쌓은 악에서 악을 내나니 이는 마음의 가득한 것을 입으로 말함이니라." (누가복음 6장 45절)

14

축복의 자리에 저주하는 목사

장로교에서 장로를 세우는 장로 장립식은 교회가 치르는 큰 행사 중 하나입니다. 교회는 초청장을 돌리고 온 교인들과 지인들이 참석해 새롭게 중직을 맡은 장로에게 축하를 해주는 기쁜 날이 장로 장립식날입니다. 장로 장립식은 떡을 하고 국수를 삶고 참석한 하객들에게 빠짐없이 선물을 주기도 하는데 대부분의 비용은 이날 세움을 받게 된 장로가 부담하게 됩니다. 그런 까닭에 아무리 교회출석을 오래 했어도 가난한 사람은 비용이 부담스러워서 스스로 장로 직분을 사양하는 일도 허다합니다. 그러다 보니 교회 내에서 비교적 재력이 있는 사람이 장로의 중책을 맡은 경우가 많습니다.

초대교회시대에 장로를 세우는 이유와 장로의 자격에 관해서는 바울이 디도에게 편지를 했는데(디도서 1장 6절) 곧 책망할 것이 없고 한 아내의 남편이며 방탕하다는 비방이나 불순종하는 일이 없는 믿는 자녀를 둔 자 중에서 장로를 세워 가난한 사람을 구제하는 일과 바른 가르침과 권면을 하도록 하고 있습니다.

그런데 지금 한국교회의 장로 피택의 기준은 어떠한가요?

첫째는 재력이 있어야 하며, 둘째는 담임목사의 의중을 알고 잘 따르는 사람이어야 가능합니다. 특히 두 번째의 기준이 담임목사가 장로를 세우는 데 매우 중요한 항목으로 작용합니다.

물론 그렇지 않은 교회, 그렇지 않은 목사도 많습니다. 그리고 성경이 말한 장로의 자격에 능히 부합될 뿐 아니라 기독인으로 삶의 본을 보이는 훌륭한 장로도 많습니다.

교인들로부터 존경을 받는 장로가 있는 교회는 칭찬받을 만한 일을 많이 하지만 존경받지 못하는 장로가 있는 교회는 비록 목사의 칭찬을 받을지 모르지만 사회로부터 손가락질받는 교회가 되는 일이 허다합니다. 이처럼 장로는 교회의 원로로서 매우 중요한 위치에 있습니다.

장로교회에서는 장로는 목사와 더불어 당회라는 의결기구를 형성하고 교회의 대소사를 결정하게 됩니다. 그런 까닭에 목사는 가능하면 자신의 뜻에 찬동하는 가까운 사람을 장로로 세우고 싶어 하지만 꼭 그렇지 못한 경우에는 처음부터 길들이기를 시도하게 됩니다. 이는 장로 장립식에서 고스란히 나타나게 됩니다.

장로 장립식에서 내 경험을 이야기함으로써 너무 세속적인 한국교회의 현실을 함께 반성해 보았으면 좋겠습니다.

지금은 작고한 내 매형이 서울 청량리 근처의 장로교회에서 장로 피택을 받게 되었습니다. 나는 그를 축하해 주기 위해 아내와 상경하여 가족석에 앉아 행사 시종을 함께하게 되었습니다.

내 매형은 기독교 목사가정에서 태어나 평생을 헌신적인 삶을 산 훌륭한 분이었기에 장로로 피택되기에 전혀 손색이 없는 사람이었습니다.

이날 장로 장립식에는 매형 외에도 두 사람이 더 장로로 피택되는 자리였습니다. 그중 한 사람은 교통사고로 인해 목발을 짚고 절룩거리며 참석해 여간 불편해 보이지 않았습니다.

강단에는 장로로 피택되는 세 사람 외에 안수를 맡은 목사 몇 사람이 자리를 하고 있었고 강단 아래는 축하객들이 가득했습니다. 개중에는 꽃이나 선물을 들고 앉아 있는 사람들도 있었습니다. 교회는 축하의 열기로 넘쳐났습니다.

식순에 따라 교회가 장로에게 권면하는 시간이 되었고 외부에서 온 몇 사람의 목사가 번갈아가며 장로에게 권면을 했습니다. 원래 권면이란 장로로서 지켜야 할 도리와 책무에 관해 말을 함이 타당함에도 불구하고 이날의 권면은 그렇지가 않아 보였습니다. 권면 내용이 당회장 목사와 사전에 모의 된 것이 분명해 보였습니다.

"장로님은 무슨 차를 타고 다닙니까?"

권면하는 목사가 장로 한 사람에게 물었습니다. 장로가 무슨 뜻인지 몰라서 우물쭈물 하자 목사가 성급하게 말했습니다.

"장로님 타고 다니는 차가 고급승용차 맞지요? 이보세요! 어떻게 주의 종보다 더 좋은 차를 타고 다닐 수 있어요. 그게 신앙인의 태도예요?"

목사는 소리를 높였고 기가 죽은 장로는 고개를 떨어뜨렸습니다.

"장로님! 당회장 목사님께 고급승용차 사 드리겠다고 약속하세요. 아멘으로 대답하세요."

목사가 다소 부드럽게 말하고 장로는 기어들어가는 소리로 대답을 하는 것 같았습니다.

매형은 부친이 원로목사였기 때문인지 교회와 목사님께 잘하라는 원론적인 말로 권면을 마쳤지만 목발을 짚은 장로는 결코 권면을 피해가지 못했습니다. 권면을 맡은 다른 목사가 목발을 짚은 장로에게 어쩌다 다리가 그렇게 되었냐고 물었습니다. 그가 교통사고라고 대답했고 목사는 한쪽 다리는 괜찮은지 다시 물었습니다. 이내 목사가 이 같은 질문을 하는 이유가 곧 드러나기 시작했습니다.

"당회장 목사보다 더 좋은 집에서 사는 것은 죄입니다. 장로님 다리 부러진 것이 다 이유가 있어서입니다. 평소 목사님께 잘 못 해드렸군요. 장로님은 형편이 어려우시니까 목사님 옷 한 벌 해드리세요. 나머지 다리몽댕이 댕강 부러지지 않는 것 다행으로 아세요."

목발을 짚고 서 있는 장로는 고개를 떨어뜨렸습니다.

권면이 축복을 대동해야 하는데 저주에 가까운 말로 상처를 주는 것을 보며 정말 앉아 있기가 민망스러웠습니다.

이처럼 남의 입을 빌려 피택된 장로에 대해 기죽이기와 길들이기 권면은 기독교인으로서 자괴감과 부끄러움을 느끼게 했습니다. 이날의 장로 장립식은 두고두고 씁쓸한 기억으로 남게 되었습니다.

"이제 여호와께서 거짓말하는 영을 왕의 이 모든 선지자의 입에 넣으셨고 또 여호와께서 왕에게 대하여 화를 말씀하셨나이다." (역대하 18장 22절)

15

이상한 논리, 이상한 설교

"아담이 타락하지 않았다면 예수님께서 구원 사역을 이룰 수가 없었지요."

"예수님은 십자가에 못 박히실 때 전혀 고통을 느끼지 않았습니다."

이런 설교에 과연 교인들이 동의할 수 있을까요? 어째 좀 이상하다는 생각이 들지 않나요?

만약 한국사회에서 영향력이 있는 목사가 이런 설교를 했다면 이단 시비로 난리가 일어났을 것입니다. 그러나 내가 다니던 교회의 목사는 전혀 영향력이 없었기에 교계가 시끄러워졌거나 신학적인 논쟁을 불러오지 않았습니다.

하나님을 너무 깊게 생각하다 보면 성경과는 동떨어진 상상력을 갖게 됩니다.

그의 설명인즉, 아담의 타락이 하나님께서 마련한 구원사역의 출발점이라는 것, 쉽게 말하면 하나님이 인간을 구원하기 위해 아담이 선악과를 먹도록 했다는 것입니다. 그로 인해 인간에게 원죄가 생겼고, 예수가 인간의 원죄를 속죄하기 위해 이 땅에 와서 죽으심으로 하나님의 구원사역이 진행되게 되었다는 것입니다. 만약 아담이 타락하지 않았다면 예수께서 올 필요도, 죽을 이유도 없기 때문에 인간은 영원히 하나님께로 갈 수 없다는 것입니다.

하와가 아담을 유혹하여 선악과를 먹게 한 것, 사탄이 뱀을 보내 하와로 선악과를 먹게 한 것, 하나님이 에덴동산에 선악과를 심으시고 결국 하와가 먹도록 하여 불순종의 죄를 범하게 한 것 등이 인간 구원을 위한 하나님의 섭리와 무관치 않다는 논리입니다.

잘은 모르지만 그가 그렇게 확대 해석하게 된 배경에는 왜 하나님께서 선악과를 만들어 인간이 죄를 범하게 했느냐는 사람들의 질문에 해답을 찾으려 했던 것 같습니다. 그런데 엉뚱하게도 인간의 타락이 하나님의 책임으로 해석이 되어 버린 것입니다.

예수가 십자가에 못 박혀 돌아가실 때 고통을 느끼지 않았다는 것도 아마 하나님의 사랑을 강조하려다가 너무 나가버린 것이 아닌가 싶습니다. 내가 고개를 꺄우뚱거리자 그가 보충 설명을 했습니다.

"예수님께서 고통을 전혀 받지 않으신 것은, 인류를 구원해야 하는 기쁨이 너무 컸기에 고통을 느끼지 않았던 것입니다. 말하자면 고통의 지수보다 기쁨의 지수가 더 컸던 것이지요." 이 말도 어딘지 궁색하긴 마찬가지입니다.

정경이 아닌 수많은 외경이나 3세기에 로마교황청에 의해 금기시된 유다복음과 같은 다른 기록들에 상상력이 가미 되면 더욱더 엉뚱한 해석을 가져옵니다. 상상력은 결국 픽션을 만들고 그것들은 많은 사람에게 흥미를 유발시킵니다.

크리스천이 아닌 사람들은 오히려 픽션에 더 흥미를 갖습니다. 그래서 얼마 전에 개봉된 영화 〈다빈치 코드〉의 줄거리를 사실로 생각하게 됩니다. 이들은 픽션이 허구로 구성되었다는 것을 알면서도 사실인 양 말합니다. 예수가 십자가형으로 죽은 후 사흘 후에 부활했다는 성경의 기록보다는 막달라 마리아와 결혼해서 그의 후손이 영국 어디에 살고 있다는 픽션의 줄거리를 더 신뢰하려고 합니다. 이들에게 예수의 일생에 대해 설명을 하는 것이 때론 무의미할 때가 있습니다.

소설가에게 예수의 드라마틱한 생애는 픽션화해보고 싶은 유혹을 느끼게 될 것입니다. 인류 역사상 최대의 베스트인 성경이 오히려 소설을 히트작으로 만들 수 있는 배경이 되기 때문에 많은 사람이 성경에 나오는 인물을 토대로 소설을 구성하기도 합니다.

작가에게 명성과 돈을 얻는데 성경만큼 좋은 소재도 없습니다. '다빈치 코드'의 경우처럼 교황청과 입씨름을 하고 나면 더더욱 히트작이 됩니다. 그런데 적잖은 기독교인들이 이들이 쓴 소설이나 대본을 가지고 논쟁을 하는 것을 보면 픽션이 허구에서 창작된다는 기본적인 생각을 잊고 있는 것 같습니다. 그러기에 성경은 진리지만 소설은 진리가 될 수 없습니다. 교인들은 성경에 쓰인 것만 믿으면 그만입니다.

그런데 소설가와 목사는 다릅니다. 독자는 소설이 픽션임을 이미 알고 읽지만 교인들은 목사가 하는 말을 곧이곧대로 믿고 받아들입니다. 교인에게 목사는 진리만을 말하는 성직자로 생각하고 있기 때문에 비록 성경과 거리가 있는 말을 하더라도 교인들은 진리로 오해하게 됩니다.

따라서 목사는 성경이 기록된 만큼만 이해하고 전해야 합니다. 성경에 없는 하나님의 생각까지 들여다봐서는 안 됩니다. 예수가 말씀하지 않는, 예수의 마음까지 어림짐작해서는 안 됩니다. 하나님을 인간의 도덕적 관념으로 해석해서는 안 됩니다. 사람들이 성경에 없는 것을 질문하면"잘 모르겠다."고 정직하게 대답하는 편이 옳습니다.

"그리스도께서 나를 보내심은 세례를 주게 하려 하심이 아니요 오직 복음을 전케 하려 하심이니 말의 지혜로 하지 아니함은 그리스도의 십자가가 헛되지 않게 하려 함이라." (고린도전서 1장 17절)

16

누가 눈물 없이 우는가

목사님의 부친은 과수원을 했습니다. 과일철인데도 꼬박꼬박 과일을 사먹는 것을 보면 목사님은 멀지 않은 곳에 있는 아버지의 과목밭을 찾아가지는 않는다는 생각을 했습니다. 목사님의 아버지도 아들을 찾아오는 것 같지는 않았습니다. 그는 칠순이고 농약에 중독되어 최근에는 병원 신세를 자주 진다는 말이 들렸습니다. 그러나 목사님은 병이 깊어가는 아버지에 대해 전혀 마음을 쓰는 것 같지 않았습니다. 부친의 병은 깊어졌지만 큰아들인 목사님은 무심했습니다.

교회 안에 소문이 돌았습니다. 교인들은 귀엣말로 목사님의 불효를 소곤거렸습니다. 병든 부친이 아들을 찾아왔는데 이틀을 못 머물고 떠났다는 소문이 있는가 하면 목사님이 아버지를 문전박대했다는 소문이 떠돌았습니다. 목사님을 좋아하는 교인들은 모두가 사모님 때문이라고 말하고 사모님 편에 있는 교인들은 사모님은 모시려고 하는데 목사님이 원래 아버지를 싫어해서 그렇다고 말했습니다. 소문은 입에서 입을 건너 삼시간에 온 교회에 퍼졌지만 정작 목사님 부부만 알지 못하는 것 같았습니다. 불효하는 목사에게서 뭘 배우겠냐며 교인 중 몇은 교회를 떠나기도 했습니다.

이를 보다 못한 나이드신 권사님 한 분이 목사님을 찾아갔습니다. 그녀는 목사님이 아버지를 모셔오면 간단하리라 생각했습니다. 목사님이 아버지만 모신다면 교인들은 괜한 오해를 했다고 오히려 목사님에게 미안한 마음을 가질 것으로 생각했습니다. 교회를 개척했던 그녀는 목사님이 자신의 권면은 들어 줄 것으로 믿었습니다. 자신이 말하면 오해하지 않고 들어 줄 것으로 생각했습니다. 그래서 목사님을 찾아가서 단도직입적으로 말을 꺼냈습니다.

"과수원에 계시는 아버지를 목사님께서 모시면 어떨까요?"

"……."

"몸도 성치 않고 연세도 원만하신데 목사님이 모셔야 되지 않겠어요?"

"권사님, 뭔 소리라요? 누구를 모셔요?"

목사는 무슨 뚱딴지같은 소릴 하느냐는 듯한 표정을 지었습니다.

"목사님 아버지요. 과수원 하시면서 농약 중독으로 고생하신다는데…."

"누가 그래요?"

목사는 화가 치미는 듯 소리를 질렀고 내친김에 권사는 말을 마저 하려고 했습니다.

"그래야 교인들 보기도 민망하지 않고, 사람들이 입방아도 찧지 않고 그러지 않겠어요?"

"권사님, 시방 사람들이 입방아 찧는다고 했어요?
어느 놈이 남의 가정사에 감 나와라 배 나와라 한대유?"

"……."

목사의 기세에 권사님은 풀이 죽었습니다.

"권사님도 남의 일에 간섭 말고 자기 일이나 똑바로 하세요."

"아니, 내가 똑바로 안 한 게 뭐 있어요?"

목사와 권사 사이에 급기야 싸움으로 번지고 말았습니다.

그 일은 다시 소문이 퍼지기 시작했습니다. 권사가 주제넘게 목사를 찾아간 게 잘못되었다고 하는 사람과 목사가 권사의 권면에 그렇게 반응할 수 있느냐고 하는 사람들로 교회는 양분되어 시끄러워졌습니다.

그리고 오월이 왔습니다. 오월은 어린이날과 어버이날이 있는 가정의 달입니다. 특히 어버이날이 있는 주일에 교회에서도 붉은 카네이션을 나이 드신 어른들의 가슴에 달아 드리고 재정이 좋은 교회는 노인들에게 국수나 떡을 대접합니다.

어버이주일이면 목사의 설교도 부모에게 효도하자는데 포커스가 맞추어지기 마련입니다.

아버지에게 불효하는 목사도 예외는 아니었습니다. 그의 가슴에는 붉은 카네이션이 보기 좋게 꽂혀 있었습니다.

"자녀들아 너희 부모를 주 안에서 순종하라 이것이 옳으니라. 네 아버지와 어머니를 공경하라 이것이 약속 있는 첫 계명이니 이는 네가 잘 되고 땅에서 장수하리라.(에베소서 6장 1절)" 그가 성경을 읽고 설교를 시작했습니다.

"부모에게 불효하는 자는 소 돼지만도 못해요. 부모에게 불효하면서 믿음이 있는 척하는 것은 가증한 것입니다. 성도 여러분!"

"나는 어버이 주일만 되면 이렇게 눈물이 납니다."

설교 중간쯤에 그는 손수건을 꺼내서 눈물을 닦으며 울먹이는 소리로 말을 했습니다.

나는 그가 무슨 생각으로 울먹이는지 알 수 없었습니다. 그가 과연 과수원에 계신 병든 아버지를 찾아갈 것인가 믿어지지가 않았습니다. 눈물 없는 그의 울음에는 뉘우침이나 회개가 없어 보였습니다. 행동이 따르지 않으면 어떠한 설교도 감동을 주지 못합니다. 차라리 그런 설교를 안 했더라면 그가 위선자로 보이지는 않았을 것입니다.

나는 부모에게 효도하는 사람이 믿음이 있는 사람이라고 생각합니다. 자신을 낳아 길러 준 보이는 부모에게 못 한 사람이 보이지 않는 하나님을 사랑한다는 것은 말짱 거짓말입니다.

부모에게 불효하면서 교회를 열심히 나다니는 사람은 목적이 다른 데 있습니다. 배부르고, 등 뜨시고, 돈 많은 것이 복이라 여기는 나일론 신자임이 틀림없습니다. 이런 사람들은 부모에게는 지지리도 못하면서 제 자식을 위해서라면 하나님의 간도 꺼내려 드는 사람입니다.

"그러므로 모든 더러운 것과 넘치는 악을 내어 버리고 능히 너희 영혼을 구원할 바 마음에 심긴 도를 온유함으로 받으라. 너희는 도를 행하는 자가 되고 듣기만 하여 자신을 속이는 자가 되지 말라. 누구든지 도를 듣고 행하지 아니하면 그는 거울로 자기의 생긴 얼굴을 보는 사람과 같으니 제 자신을 보고 가서 그 모양이 어떠한 것을 잊 버리거니와 자유하게 하는 온전한 율법을 들여다보고 있는 자는 듣고 잊어버리는 자가 아니요 실행하는 자니 이 사람이 그 행하는 일에 복을 받으리라." (야고보서 1장 21절~25절)

17

칠순잔치에 초대받아 상석에 앉은 젊은 목사

40년 전에 내가 다니던 교회에서 있었던 일입니다.

시아버지를 모시고 사는 김 집사는 입장이 난처하게 되었습니다. 시아버지의 칠순잔치가 있고나서 김 집사는 교회에 나오는 것은 고사하고 교회 근처에는 얼씬도 못 하게 되었습니다. 평소 교회에 헌신적으로 봉사하던 김 집사의 갑작스런 태도에 놀란 교회는 그녀에게 심방을 가겠다는 전언을 했지만 김 집사는 호랑이보다 무서운 시아버지의 불호령이 떨어질까 봐 완강히 손사래를 쳤습니다.

김 집사가 교회에 못 나오게 된 배경에는 김 집사네 시아버지 칠순잔치에 자신이 다니는 교회 목사를 초청하여 예배를 드린 것이 그만 화근이 되었습니다. 정확히 말하면 예배가 화근이 된 것은 아니었습니다. 시아버지 칠순잔치에 참석한 30대 젊은 목사가 아랫목 한가운데에 좌정해서 잔칫상을 받은 것이 화근이었습니다.

서양에서는 굳이 상석이 정해져 있지 않지만 유교사상의 영향을 받은 동양, 특히 효를 중요한 덕목으로 생각하는 우리나라에서는 웃어른이나 스승이 상석에 앉는 것이 상식입니다.

그날 젊은 목사가 노인을 제처 두고 상석에 앉아 대접을 받은 것이 평소에 말이 없고 조용한 성품을 지닌 시아버지를 몹시 섭섭하게 했던 것입니다.

그 일이 있고 나서 다음 주일부터 교회에 나가려고 하는 며느리에게 불벼락이 떨어졌습니다.

"나를 얼마나 무시했으면 젊은 사람이 버르장머리 없이 아랫목에 턱 버티고 앉아 잔칫상을 받느냐 말이야. 후레자식…. 그런 놈이 목사하는 교회 나갈 생각하지 말거라."

어떻게 해서라도 시아버지를 전도해 교회로 인도하려던 평소의 희망은 고사하고 자신마저 교회를 다닐 수 없게 되었으니 며느리로서는 난감하게 되었습니다.

이 소식을 간접적으로 전해들은 젊은 목사의 반응은 곧장 설교로 나타났습니다. 주일예배 설교에서 목사는 오히려 불쾌하다는 듯이 소리를 높였습니다.

"목사는 하나님으로부터 제사장권과 왕권과 축복권을 받은 자입니다. 잔칫상에서 제사장이 어디에 앉아야 합니까? 왕의 자리가 어디겠어요? 축복을 하는 사람이 어디에 앉아야 하겠습니까? 당연히 상석이 아니겠어요? 세상에서는 나이 많은 사람이 상석에 앉아야 되지만 믿음의 눈으로 보면 당연히 목사가 앉아야지요. 내가 일부러 그렇게 하는 것은 우리 교인들을 가르치기 위해서입니다."

"아멘."

열성적인 교인들이 그의 말에 화답했습니다.

많은 교인이 목사의 이 같은 말을 가르침으로 받아들었고, 졸지에 노인은 목사의 권위(?)를 알아보지 못한 무식한 사람으로, 며느리 김 집사는 믿음의 눈이 없는 사람으로 매도되었습니다.

만약 이런 상황을 예수께서 보셨다면 무엇이라 말씀하셨을까요?

성경은 하나님께서 목사에게 제사장권이나 왕권, 축복권과 같은 것을 주었다는 기록이 없습니다. 그 같은 기준은 한국교회를 병들게 만드는 그들이 만든 논리며 관습입니다.

목사의 모델인 바울은 자신이 단지 복음을 전하는 일을 맡은 자임을 말하고 있습니다.

바울은 "사람에게는 영광을 구하지 아니하고 유순한 자가 되어 유모가 자기 자녀를 기르는 것과 같게 사랑하고 아무에게도 누를 끼치지 아니하고 밤과 낮으로 일하면서 하나님의 복음을 전파했다"고 말하고 있습니다. (데살로니가전서 3:6~9)

목사라고 해서 상식을 넘어서는 일을 해서는 안 됩니다.

성경은 오히려 "회당의 상좌와 잔치의 상석을 원하는 서기관들을 삼가라"(막 12:39)라고 말하고 있습니다. 만일 이 젊은 목사가 보다 겸손했던지 상식적인 사람이었다면 굳이 상석에 앉지 않았을 것입니다.

그날 목사가 노인에게 윗자리를 내어주고 낮은 자리, 구석자리를 찾았다면 노인과 주변 사람들에게 겸손한 목사로 존경을 받았을 뿐 아니라 며느리 김 집사가 그렇게 원하던 시아버지를 예수 믿도록 하는데 결정적인 결실을 맺었을 것입니다.

교인들에게도 문제가 없는 것은 아닙니다. 대부분의 한국교회 교인들은 목사를 극진히 대접해야 특별한 복을 받는다고 생각합니다. 이는 무속신앙입니다. 그렇게 가르치는 것은 기독교 신앙에서 일탈

된 위험천만한 것입니다.

겸손은 지나칠수록 좋습니다.

목사나 장로가 겸손하게 보이지 않은 이유는 아마도 교회 안에서 외형적으로 항상 섬김을 받았기 때문에 교인 집에 심방을 가서도 은연중 자신의 위치를 가르치는 자리, 복을 빌어주는 자리에 있다는 그릇된 생각을 하는 것 같습니다.

기독교인이라면 누구보다 우선 나이 드신 분을 섬기고 이웃을 사랑하며 양보하는 교양 있는 모습을 보여야 사회로부터 칭찬을 들을 수 있습니다.

한 사람의 겸손하지 못한 목사로 인해 한 영혼이 구원받는데 어려움이 생긴다면 제사장권이며 왕권이며 축복권을 가진들 무슨 소용이 있겠습니까.

낮은 데로, 더 낮은 데로 내려오셔서 제자들의 발을 씻기신 예수님을 생각하며 모두가 깊이 반성하고 돌이킬 일입니다.

"서기관과 바리새인들이 모세의 자리에 앉았으니 그러므로 무엇이든지 저희의 말하는 바는 행하고 지키되 저희의 하는 행위는 본받지 말라 저희는 말만 하고 행치 아니하며 또 무거운 짐을 묶어 사람의 어깨에 지우되 자기는 이것을 한 손가락으로도 움직이려 하지 아니하며 저희 모든 행위를 사람에게 보이고자 하여 하나니 곧 그 차는 경문을 넓게 하며 옷술을 크게 하고 잔치의 상석과 회당의 상좌와 시장에서 문안받는 것과 사람에게 랍비라 칭함을 받는 것을 좋아하느니라. 그러나 너희는 랍비라 칭함을 받지 말라. 너희 선생은 하나이요 너희는 다 형제니라." (마태복음 23장 2절~8절)

"긴 옷을 입고 다니는 것을 원하며 시장에서 문안받는 것과 회당의 상좌와 잔치의 상석을 좋아하는 서기관들을 삼가라." (누가복음 20장 46절)

18
전업 목사, 부업 목사

소설을 쓰는 목사가 있었습니다. 서울에 사는 그는 D시에서 목회를 하는데 주일과 수요일에 내려와 설교를 했습니다. 오래전에 그의 소설을 읽기는 했는데 스토리는 떠오르지 않고 다만 예수를 배반한 제자를 주인공으로 다루었던 작품으로 어렴풋이 기억됩니다.

요즘에는 그림을 그리는 화가 목사, 노래를 부르는 가수 목사, 시를 쓰는 시인 목사, 도자기를 빚는 도공 목사 등 갖가지 재주를 가진 목사가 많다 보니 목사가 전업인지 부업인 잘 구분이 안 되기도 합니다. 굳이 흉될 것은 없습니다. 그들은 한결같이 예술 활동을 통해 선교의 영역을 넓히는 것이 요즘의 트렌드며 신세대를 향한 목회방법이라고 말합니다. 요즘엔 설교만 가지고는 먹혀들어가지 않는다고 말합니다.

또 기독교 문화를 창달해야 한다는 의견도 있습니다. 성가경연대회, 찬양무용발표회, 기독교 성극을 비롯해서 요즘 인기는 단연 소리가 요란스런 전자악기가 등장하는 젊은이들의 그룹사운드가 웬만한 교회마다 있습니다.

　그런데 예술이나 문화를 통해 예수를 믿게 되었다는 통계를 본 적이 없어서 과연 이들의 논리가 얼마나 신빙성이 있는지는 모르지만 확실한 것은 이들이 그런 활동에 많은 시간과 돈과 노력을 퍼붓고 있다는 사실입니다.

　목회 외에 재주를 가진 목사들 주변에는 같은 활동을 하는 동호인을 비롯한 친구들이 많아서 함께 섞여 있으면 누가 목사인지 구분할 수가 없습니다. 목사에게 그런 친구들이 있다는 것 역시 굳이 흉 될 게 없습니다. 전업 목사(?) 보다 진보적이거나 보다 개방적일 뿐이라고 하면 할 말이 없습니다.

　소설을 쓰는 목사 이야기는 비상한 재주나 취미가 목사의 권위나 자질에 문제가 있다고 말하려는 것이 아닙니다. 오히려 그가 지닌 풍부한 상상력은 정서적으로 공감대를 형성하는 데 도움을 줄 것이며 글처럼 짜임새 있는 설교의 구성은 듣는 이에게 충분히 감동을 줄 수도 있을 것입니다. 나는 성직자인 그의 삶의 태도에 관해 왠지 딴죽을 걸고 싶은 것입니다.

　주일 밤 또는 수요일 밤 예배가 끝나면 그는 곧장 집으로 가는 기차를 타지 않습니다.

　그는 글 쓰는 여자를 만나 소설에 관한 담론을 나눕니다. 이야기는 무르익고 술잔이 오가는 풍경, 그 시간, 그곳에는 목사는 없고 소설가가 술을 마시고 있을 뿐입니다. 술을 탓하면 어떤 사람은 이런 말로 피해 갑니다. "바울이 디모데에게 말했다. '너는 이제부터 네 몸을 생각해 술을 조금씩 마셔라.'라고…."

　가톨릭 신부님도 술을 마시고 술은 구원과는 아무런 관련이 없다는 말도 틀린 말은 아닙니다. 요령 좋게 술 문제도 비켜갑니다.

뒷골목은 그의 교회로부터 멀리 떨어져 있고 신실한 교인이 그곳에 올 리는 없다는 그의 생각이 마음을 편안하게 해 줄 것입니다.

그곳은 예수님이 오신 낮은 곳과는 상관없는 어두운 뒷골목일 뿐이며 "내 양을 치라!"는 명령을 저버린 비류한 사람일 뿐입니다.

교인들이 목사를 존경하는 이유는 설교를 잘해서나 많이 배워서가 아닙니다. 일반 사람들과는 무엇인가 구별되기 때문입니다. 구별됨이란 바로 경건한 삶의 자세, 헌신적 섬김의 마음, 변함없는 믿음과 성직자로서의 사회적 정의에 대한 일관된 의식과 행동이 세상 사람들과 다르기 때문입니다. 그것은 성직을 천직으로 생각하고 올인하는 전업 목사만이 가능한 일입니다.

많은 목사가 착각하는 것 중에 하나가 교인들이 목사를 존경하고 따른다고 생각하는 점인데 천부당만부당한 생각입니다. 교인들이 목사에 대해서 이런저런 군말이 없는 것은 존경해서가 아니라 민주화되지 않은 교회의 폐쇄성 때문이기도 하지만 한국의 대다수 교인의 의식 속에 잠재된 신의 종에 대한 두려움 때문입니다. 목사가 일반인보다 하나님과 가깝다는 생각이 목사에게 잘못하면 천벌을 받지 않을까 하는 두려움을 갖게 되며 결국 이런 사이비 신앙으로 인해 생긴 간극이 존경하는 것으로 오인되는 것입니다. 그래서 오인은 오만을 낳고 오만은 예수님을 팔면서 제 취미생활을 정당화시킵니다. 이것이 성경이 말하는 삯꾼 목자인 것입니다.

한편 모양은 전업 목사인데 실상은 부업 목사가 점점 많아지고 있습니다. 그들이 내건 간판을 보면 대충 알만합니다. 무슨 교실, 무슨 상담소, 무슨 문화서클, 무슨 봉사단, 별별 이름을 한 간판들이 교회 안에 내걸려 있습니다. 요즘은 교회에 커피숍이 들어서고 있는데 교인들이 번갈아 근무하면서 인건비 한 푼 안 들고 이문을 남깁니다.

아무튼 목사가 목사답지 않으면 교회도 교회답지 않게 되고 이런 교회는 그리스도의 말씀에 지배받는 것이 아니라 돈의 지배를 받을 수밖에 없습니다.

"열두 사도가 모든 제자를 불러 이르되 우리가 하나님의 말씀을 제쳐놓고 공궤를 일삼는 것이 마땅치 아니하니 형제들아 너희 가운데 성령과 지혜가 충만하여 칭찬 듣는 사람 일곱을 택하라 우리가 이 일을 저희에게 맡기고 우리는 기도하는 것과 말씀 전하는 것을 전무하리라 하니" (사도행전 6장 2절~4절)

"여행을 위하여 주머니나 두 벌 옷이나 신이나 지팡이를 가지지 말라 이는 일군이 저 먹을 것 받는 것이 마땅함이니라." (마태복음 10장 10절)

19

"귀신이 살고 있는 모퉁이길"

우리나라에 기독교와 같은 고급종교가 들어오기 전까지 수천 년 동안 무속신앙이 지배를 했습니다. 특히 36년간 일본제국의 지배를 받으면서 종교적으로 우리나라는 귀신이 득실거리는 나라가 되었습니다. 온갖 길흉화복은 귀신과 연관을 맺고 마을마다 당골이 이를 주관하였습니다.

내가 어렸을 때 아이들은 어른들로부터 귀신 이야기나 도깨비 이야기를 듣고 자랐습니다. 채알귀신, 몽당귀신, 처녀귀신, 총각귀신, 달걀귀신, 요강귀신, 할망구귀신 등 귀신만도 이루 헤아릴 수 없을 정도로 많았으며 도깨비 이야기중 대표적인 것이 금도깨비 이야기, 빗지락(빗자루)도깨비 이야기가 있었습니다. 어른들은 말하길 귀신은 사람을 해치지만 도깨비는 사람과 장난을 좋아하고 해치지는 않는다고 했습니다. 오히려 금도깨비를 만나면 횡재를 한다고 했습니다. 아이들의 유년은 서양에 없는 이들 귀신과 도깨비가 늘 캄캄한 밤길에 무서움으로 따라다녔습니다.

내가 자라면서 간혹 유년 때 들었던 귀신 이야기를 하면 어머니는 예수 믿는 사람이 그런 말하면 안 된다며 야단을 치셨습니다. 예수 믿는 사람들은 하나님 한 분 외에 귀신이 어디 있느냐고 귀신의 존재 자체를 부인했습니다.

그런데 우리 이야기 못지않게 성경에 귀신에 관한 이야기가 많다는 것을 알고 놀란 적이 있습니다. 눈먼귀신(마태복음 9:32~33), 벙어리귀신(마태복음 12:22), 간질귀신(마태복음 17: 15~18), 군대귀신(마가복음 5:1~20), 더러운 귀신(마가복음 7:26~30, 누가복음 4: 33-36), 점하는 귀신(사도행전 16:16~18) 외에도 귀신에 관한 말씀이 많습니다.

현대의학으로 보면 정신병이거나 단순한 질병이지만 예수님 시대에는 의학이나 의술이라는 용어 자체가 없었습니다. 이러한 병들은 요즘의 암처럼 당시에는 의술의 한계를 넘는 치유가 어려운 병들이었습니다. 인간의 한계를 넘어서면 사람들은 신에게 의지하며 질병을 병마(病魔) 곧 귀신의 역사로 간주하게 됩니다.

성경은 불치의 질병으로 시달리는 사람들을 불쌍히 여겨 치유하는 예수님의 사역을 말씀하고 있습니다. 그런데 많은 사람이 귀신에 초점을 맞추는 오류를 범하고 있습니다.

내가 직장 신우회 회장을 맡고 있을 때에 있었던 일입니다. 신우회는 매달 한 차례 정기적으로 예배를 드립니다. 대게는 대형교회 목사나 이름이 잘 알려진 유명목사를 초빙하여 설교를 들었습니다. 신우회가 국가과학기술 연구기관에 소속되어 있었고 회원들이 과학자들이었기 때문인지 초빙을 거절하는 목사는 없었습니다.

어느 날 초빙된 J목사는 특유의 유머러스하면서도 정열적 설교로 유명한 분입니다.

그날 그의 설교내용은 시종일관 귀신에 관한 것이었습니다. 귀신이 몸에 들어오면 병을 일으키고 밖에 있으면 사고를 일으킨다는 것이었는데 교통사고를 예로 들었습니다.

길에도 유독 교통사고가 잘 나는 지점이 있는데 그곳에는 귀신이 산다는 것입니다. 그 길에 다다르면 귀신이 운전하는 사람의 귀에 대고 "밟아! 더 밟아!" 하고 말한다는 것입니다. 그래서 결국 사고가 나게 되는데 모든 것이 귀신 때문이라는 것입니다. 주로 음습한 모퉁이 길에 귀신이 산다고 했습니다.

이 설교를 듣고 있는 사람들이 자연과학을 전공한 과학기술자였는데 귀신에 관한 설교가 이들에게 어떻게 들렸을까요? 이런 황당한 말을 믿는 사람이 과연 있을까요? 무엇보다 나는 그의 말이 복음적이지도 성경적이지도 않다는 생각을 했습니다.

얼마 전에 티비에서 그를 볼 수가 있었습니다. 무속인(무당)과 함께 출연한 그는 거기에서도 귀신에 관한 이야기를 하고 있었습니다. 무속인이 귀신 이야기를 장황하게 늘어놓은 뒤에 프로를 진행하는 피디가 목사에게 물었습니다.

"목사님은 하나님을 믿는 분이라서 귀신같은 것은 없다고 생각지요?"

"아니에요. 귀신은 있어요. 성경에도 귀신 이야기가 많아요"

그가 귀신 이야기에 열을 올렸습니다.

문득 성령 충만하지 않으면 귀신이 몸을 지배한다며 귀신 이야기만 하고 다니던 후배였던 목사가 생각났습니다. 그는 당뇨로 인한 합병증으로 시달렸는데 약 한 첩 쓰지 않고, 병원 한 번 가지 않고 고집스럽게 성령 충만을 기도하다 그만 세상을 떠나고 말았습니다. 그의 믿음 생활은 평생을 귀신을 쫓아낸다고 귀신과 싸우다 끝났습니다.

"여호와께서 내게 이르시되 선지자들이 내 이름으로 거짓 예언을 하도다. 나는 그들을 보내지 아니하였고 그들에게 명하거나 이르지 아니하였거늘 그들이 거짓 계시와 복술과 허탄한 것과 자기 마음의 속임으로 너희에게 예언하도다." (예레미야 14장 14절)

20

우는 아이에게 마귀 씌었다는 목사

교파에 따라서 유아세례에 관한 무용론이 있습니다. 유아세례를 행하고 있는 교파는 유아세례의 근거를 신약성서 마태복음 19장 13절~15절을 들어 유아에게 세례를 주는 것이 하자가 없다고 주장하고 유아세례를 행하지 않는 교파는 믿음에 대한 자신의 의지가 없는 유아에게 세례를 주는 것은 무의미하다는 주장을 펴고 있습니다.

또 온몸을 물에 담그는 침례가 옳다고 주장하는 교파가 있는가 하면 머리에 물을 뿌리는 세례를 행하는 것만으로도 물속에 몸을 잠기는 상징적인 의미가 있다는 교파가 있습니다. 이들의 주장은 전시 상태의 군대에서는 물이 귀하기 때문에 군인들이 휴대한 수통의 물로 세례를 줄 수밖에 없으며, 또 물이 없는 사막에서는 물을 대신해 모래를 사용하기도 한다며 너무 형식에 매이지 말아야 한다고 말합니다.

모태부터 교회에 다닌 내 경우 역시 유아세례를 받았다는데 몇 살에, 어디에서, 누구에게 세례를 받았는지 아무도 말을 해주지 않아서 그냥 부모님이 나를 데리고 가서 유아세례를 받게 했는가 보다 생각하는 정도입니다. 가끔 교회에서 행해지는 유아세례를 보면서 나도 저랬었겠구나 하는 생각을 하면서 세례문답을 당당히 하며 세례를 받는 어른들을 부러워할 때가 있었습니다. 그렇다고 두 번 세례를 받을 필요는 없고 또 그것이 구원받는 믿음과는 거리가 있는 일이기에 세례에 대해서 더 이상 깊게 생각하지 않았습니다.

일전에 내가 사는 동네 인근의 어느 교회에서 세례식이 있었는데 마침 갓 난 아이티를 겨우 넘긴 귀여운 아기들이 유아세례를 받게 되었습니다. 부모들이 아기를 안고 집례자 앞에 다소곳이 앉아 순서를 기다리고 있었습니다. 엄마의 품을 파고드는 아기의 모습에서 크고 웅장한 교회당 공간과 스피커를 통해 우렁우렁하게 들리는 집례자의 목소리가 아기에게 낯설고 무섭게 느껴질거라는 생각했습니다.

목사님이 아이의 부모에게 그리스도 안에서 아기를 훌륭하게 키우겠는가 묻고 아기의 머리에 물이 뿌려졌습니다. 차가운 물이 머리에 뿌려지는 순간 아기는 놀라 소리 내서 울기 시작했습니다. 아기의 울음에 아랑곳하지 않고 목사님은 다른 아기의 머리 위에 손을 올린 채 기도를 했습니다.

"하나님 이 아이가 자라나 억만장자가 되게 해 주십시오."

그런데 목사님의 축복기도는 한 군데도 그리스도인으로 나눔과 봉사와 사랑의 삶을 빌어주는 대목은 없고, 온통 부자가 되게 해달라는 내용이 전부였는데 아기의 울음소리 때문에 그는 외치다시피 소리를 높여 기도했고 아기는 그 소리에 놀라 더 큰 소리로 울기 시작했습니다.

이번에는 그가 우는 아기의 머리에 안수를 하고 큰소리로 외치기 시작했습니다.

"주여! 사탄이 거룩한 예식을 방해하려고 아이에게 들어와 울게 하오니 악한 사탄을 물리쳐주옵소서."

아기는 더 크게 울었고 목사님은 더 크게 사탄을 쫓아 달라고 기도를 했습니다. 당황한 아기 부모는 어찌할 바를 몰라 쩔쩔맸습니다. 제 정신이 있는 사람이라면 누가 봐도 이해되지 않는 장면이었습니다.

아기는 안락한 자신의 방을 떠나 낯선 곳에서 우는 것이 당연한 일인데도 사탄을 내쫓는다고 우는 아기를 다그치는 그의 모습을 차마 웃을 수만은 없었습니다. 울보 사탄을 쫓아내야 한다고 아멘을 외치는 교인들이 더 우스꽝스럽고 불쌍했습니다.

억만장자가 되는 것과 그리스도인으로 헌신적 삶을 사는 것 중 어느 것을 하나님은 기뻐할까요? 억만장자가 되기 위해서는 내 것, 남의 것 가리지 않고 끊임없이 끌어모아야 하지만 그리스도인으로 살기 위해서는 있는 것마저 나누어주며 청빈을 오히려 감사해야 하는데 어떤 축복의 기도를 해줘야 맞을까요?

문득 내 유년의 세례식은 어땠을까? 하는 걱정이 들었습니다. 울지는 않았을까? 울었다면 저처럼 웃기는 일은 없었을까? 만약 저 아기에게 저토록 무서운 유아세례식이 기억에 남게 된다면 얼마나 상처가 될까? 이런 생각을 하면서 아기들에게 친근감 있게 다가가는 유아세례식은 없을까를 생각했습니다.

마치 동네 유아방의 그림처럼 꽃과 나비와 동물들의 그림이 있는 아늑한, 쥐암쥐암 짝짜꿍과 같은 노래와 율동이 있는, 머리에 비눗방

울이 살포시 떠 있는 것처럼 느껴지는 그런 편안한 세례식이 있다면
아기는 울지 않을 것입니다.

"또 내가 보매 개구리 같은 세 더러운 영이 용의 입과 짐승의 입과 거짓
선지자의 입에서 나오니 저희는 귀신의 영이라 이적을 행하여 온 천하
임금들에게 가서 하나님 곧 전능하신 이의 큰 날에 전쟁을 위하여 그들
을 모으더라." (요한계시록 16장 14절)

21

"네 해수병이나 고쳐라"

프랑스에서 공학박사를 취득하고 과학기술분야에서 장래가 촉망되던 그가 갑자기 신학 공부를 하더니 목사가 되었습니다. 대학 후배이며 같은 직장에서 오랫동안 함께 일했기 때문에 나는 그와 아주 가깝게 지냈습니다. 목사인 그에게 나는 예전처럼 편하게 말을 낮췄고 그는 나를 깍듯하게 선배님이라 불렀습니다.

목사가 되기 전에는 그는 성정이 불같아서 칼을 빼서 말고의 귀를 단번에 베어버린 베드로가 연상되었습니다. 그가 프랑스로 유학을 떠나기 전에 있었던 재미있는 일화가 있습니다. 당시 그는 직장 기숙사의 사감을 맡고 있었는데 대덕연구단지 가까이에 있는 유성의 택시기사들에게 그는 악명(?)이 나 있었습니다.

유성이 대전시에 편입된 뒤에도 유성에서 연구단지까지 택시요금은 예전처럼 홍정해서 차를 타고 다녔는데 그가 이런 잘못된 관행을 말끔히 고쳐놓았습니다. 직장동료들이 요금 메타를 꺾지 않는 택시 번호를 그에게 알려주면 그가 가차 없이 택시기사를 불법요금 징수로 경찰에 고발했습니다. 만일 그가 택시를 기다리고 있는데 그를 알아 본 택시기사가 못 본 척하고 그냥 지나치면 그는 또 승차거부로 고발을 해댔습니다.

당시 유성지역에서 택시 운전을 하면서 그에게 고발을 당하지 않은 기사가 없을 정도로 택시기사 사이에 그는 악명(?)을 떨쳤습니다. 그의 정의감 때문에 돈이 옆으로 새나가지 않아서 기숙사 환경은 더 좋아지고 식당은 영양가가 더 높은 식단이 꾸려졌습니다.

내가 그를 프랑스에서 만났을 때 그는 아주 온유한 사람으로 변해 있었습니다. 그의 말로는 수십 번 성경책을 읽은 후로 자신도 모르게 변화가 되었다고 했습니다. 그는 책을 읽을 때 글자 아래에 밑줄을 쳐대는 버릇이 있었는데 정말 그의 성경책은 온통 붉은색으로 밑줄이 쳐져 있었습니다.

공학 공부를 하면서도 그는 미국에 있는 신학교에 통신으로 강좌를 듣기도 하고 때론 미국 모 교회 목사의 설교 테이프를 귀에 달고 살 정도로 열심을 냈습니다.

그는 집을 팔아 설교 테이프를 구입하여 나눠 줄 정도로 전도에 대한 열의가 대단했습니다. 그런 그를 보고 직장 동료들은 공부하러 프랑스엘 가더니 잘못된 것 아니냐고 고개를 갸우뚱거렸습니다.

누가 무슨 말을 하던 그는 결연했습니다. 마치 그는 여호와의 부름을 받아 갈대아 지방 우르를 떠난 아브람과도 같았습니다. 그의 말을 빌리면 공학은 세상 학문이라 했습니다. 세상 학문은 썩어질 것이기 때문에 전혀 중요하지 않다는 것이었습니다. 그에게 신학은 가치는 있는 유일한 진리의 학문, 바로 그것인 듯했습니다.

그는 박사학위를 받고 귀국하여 얼마 있다가 결국 사직서를 내던졌습니다. 십수 년 동안 그가 고생하며 쌓은 학문적 노력이나 힘들어

구축한 과학기술의 연구업적은 그에게 더 이상 중요하지가 않았습니다. 그는 새로운 길을 택했던 것입니다. 그 선택이 하나님의 부름에서 인지 자신의 결단에서 인지 알 수는 없지만 남들이 부러워하는 정부출연연구기관의 연구원직을 미련 없이 버리고 서울로 올라간 것입니다.

그 뒤로 그에 관한 소문이 들렸습니다. 일산에서 교회개척을 시작했는데 고생을 한다는 말도 들리고 송파에서 2층 건물을 빌려 교회를 하는데 보통 설교시간이 두 시간은 걸리기 때문에 바쁜 도시 사람들에게 인기를 얻지 못한다는 말도 들리는가 하면, 정 반대로 수서에서 그가 큰 교회를 이루고 귀신을 쫓아내는 유명한 목사가 되었다는 입소문이 흘러다녔습니다.

그러던 중 우연히 그의 동생을 통해 그에 대한 안부를 듣게 되었습니다. 교회는 잘 되는지 모르겠고 그가 해수병으로 고생을 한다고 했습니다. 병든 부친에게 안수해 병을 낫게 한다며 아버지 면전에서 쌍스런 욕을 서슴없이 하는 형의 태도가 아무래도 미친 것 같다는 말을 하면서, 형이 대학 다닐 때는 불교학생회장을 한다고 야단을 떨더니 이젠 기독교에 미쳐 저러니 종교가 형을 망쳐놨다고 동생은 한숨을 쉬었습니다.

그가 나를 찾아왔습니다. 그는 귀신에 관해 내게 말을 했습니다. 붉은색으로 밑줄이 가득 그어진 성경책을 펼쳐 보이며 예수께서 거라사에서 군대귀신을 쫓아낸 이야기를 시작으로 예수께서 더러운 귀신을 쫓아내며 모든 병을 고치는 권능을 열두 제자에게 주었듯이 자신에게도 귀신을 쫓아내는 권능을 주었다고 말했습니다. 그의 설명은 사람이 병을 얻는 것은 귀신이 몸속에 들어오기 때문이라는 것입니다. 감기귀신, 폐병귀신, 류마티스귀신, 안질귀신 등 별의별 귀신이 떠돌아다니다 우리 몸속에 들어온다는 것입니다. 그의 말은 성령을 받아야 귀신이 우리 몸속에 들어오지를 못한다는 것입니다. 그는 세상살이는 귀신과의 싸움이며 귀신을 이기기 위해 성령을 받아야 한다는 말을 몇 번이고 강조했습니다.

그가 그의 부친에게 한 일을 내가 나무라자 "귀신은 더러운 존재이기 때문에 욕을 해야 도망간다."며 "고놈이 성령을 안 받아 헛소리를 하고 다닌다."고 제 동생을 탓했습니다.

그는 정말 해수병이 심해서 말을 하면서도 밭은기침을 해댔습니다. 그가 숨을 쉴 때마다 기관지에서는 벌레 소리와도 같은 마찰음이 들렸습니다.

예전에 내가 목 디스크로 고생한 일을 그가 기억하고는 내게 안수를 해 주겠다고 했습니다. 안수를 통해 성령을 받으면 목 디스크귀신이 떠나가고 다시는 아프지 않을 것이라고 했습니다.

내가 웃으면서 "야 이놈아, 네 해수병이나 고쳐라!" 하고 말을 했더니 그가 어이없다는 듯이 나를 물끄러미 바라보더니 "할 수 없군요."하고 단념했습니다.

그제야 귀신 이야기 대신에 가족의 안부와 서울 생활 이야기 등 일상에 관한 대화를 나눌 수 있는 시간을 갖게 되었습니다.

"거짓을 예언하는 선지자들이 언제까지 이 마음을 품겠느냐 그들은 그 마음의 간교한 것을 예언하느니라." (예레미야 23장 26절)

22

자기 교인의 비밀을 떠벌리는 목사

교회에서 받은 상처는 쉽게 치유되지 않습니다. 특히 자신이 나가는 교회 목사로부터 상처를 받으면 교회에 대해 회의감을 갖게 됩니다. 시험에 빠지게 되고 교회를 멀리하다 결국 하나님으로부터 멀어집니다.

하나님을 의지하지 않아도 사는데 전혀 문제가 될 게 없다고 생각하는 자만심이 강한 사람은 아예 교회 같은 곳에는 나오지 않습니다. 착한 일을 하면 천국에 갈 수 있다고 생각하는 의협심이 강한 사람도 교회를 멀리합니다. 그러기에 어차피 교회는 자신의 나약함을 깨닫고 하나님을 의지하는 자, 영적으로 방황하는 자, 상처받은 자, 버림받은 자가 나오는 곳입니다. 이들은 위로받기를 원합니다. 이들은 정신적으로 새 힘을 얻으려고 교회에 나옵니다. 그러기에 목회자는 이들의 가난한 심령을 따뜻하게 어루만져 줘야 합니다. 그것이 목양입니다. 그것이 예수 그리스도가 분부한 "내 양을 치라!"는 말씀을 지키는 일입니다.

양들은 이리와 달라서 심령이 연약합니다. 아주 작은 일에도 신경을 곤두세우며 무심결에 던진 말에도 쉽게 상처를 입습니다. 때문에 목양이 어렵습니다. "누구든지 나를 믿는 이 소자 중 하나를 실족케 하면 차라리 연자 맷돌을 그 목에 달고 깊은 바다에 빠지는 것이 나으니라.(마 18:6)" 하신 예수님의 말씀이 목회자의 심중에 살아 있다면 그가 예수님의 제자입니다.

그런데 외부 강사를 초빙해서 개최하는 부흥회엘 참석해 보면 강사가 설교 중에 자기 교회 교인들의 이야기를 사례로 들어 말하는 것을 흔하게 볼 수 있습니다.

이들 사례는 좋은 점을 말하기보다는 험담을 더 많이 합니다. 어떤 경우에는 당사자에게 치명적인 내용을 대중 앞에서 서슴없이 말하기도 합니다. 아무리 멀리 와서 설교를 한다지만 자기 교인의 비밀을 털어놓는다는 것은 어딘지 성직자의 자세가 아닙니다. 뒷골목 건달들도 할 말, 안 할 말을 가릴 줄 알며 의리를 지키는데 목회자의 자세는 결코 아닙니다. 순진한 교인들이 목회자를 영적인 부모로 여겨 찾아가 자신의 고민거리를 털어놓은 것이 화근이라면 화근이 된 것입니다.

입이 가벼운 목사일수록 신바람이 나서 사실보다는 픽션 쪽에 가깝게 꾸며 말을 합니다. 이런 목사들을 보면 혹시나 내 교회 목사도 다른 곳에 가면 저러지 않을까 은근히 걱정이 됩니다. 이런 목사의 말대로라면 정말 문제가 많은 교회를 담임하고 있다고 할 수 있는데 집사나 권사, 장로의 문제보다는 신앙생활을 잘할 수 있도록 가르치지 못한 목사 자신의 잘못이 크다 하겠습니다. 그럼에도 누워서 자기 얼굴에 침 뱉는 일을 하면서도 전혀 부끄러움을 모르는 이런 목사는 목사의 자질이 없는 사람이 분명합니다.

가톨릭 신부가 서품을 받을 때 비밀엄수에 대한 서약을 하듯이 개신교도 목회자 목사안수 때에 교인의 비밀을 무덤까지 가지고 가겠다고 서약이라도 했으면 좋겠습니다. 목사가 교인에게서 들은 비밀을 지키지 않는다면 누가 찾아와서 내면 깊은 곳에 있는 고민을 털어놓겠습니까? 죄로 인해 고통받는 자가 선뜻 기도를 부탁할 수 있겠습니까? 신앙생활에 대한 올바른 상담이 이루어지겠습니까?

비교적 목사는 교인들의 사생활을 누구보다도 많이 알고 있습니다. 신앙심이 깊은 순진한 교인들은 부부간에도 말하지 못한 일을 목사에게는 곧잘 털어놓습니다. 목사가 자신을 위해 기도해 주리라 믿는 것이지요. 비밀을 지켜 주리라 믿는 것이지요. 완벽한 인격자라고 믿는 것이지요.

교인들이 목사를 찾아가 기도를 부탁하는 내용은 대부분 자신의 영적 신앙생활과 관련된 것이기에 다른 사람에게 알려지면 돌이킬 수 없는 결과를 가져오는 문제들이 많습니다. 간음, 거짓, 속임, 도박, 마약복용 등 자신의 신앙 회복을 위해 고뇌하는 것들도 있습니다.

이들이 고백하는 내용은 인간이기 때문에 쉽게 범할 수 있는 것들입니다. 이들은 이런 죄를 범하지 않고 바른 신앙생활을 하기를 간절히 바라는 마음으로 목회자를 찾아옵니다. 목회자는 이들을 위해 기도하는 것으로 그들이 말한 내용을 잊어야 합니다. 목사가 성직인 이유가 거기에 있습니다.

교인들은 목회자를 잘못 만나면 문제가 간단치 않습니다. 목사가 입이 가벼운 것도 문제지만 못된 목사는 자신을 찾아와 상담한 내용을 기억해 두었다가 이용하는 악랄한 사람도 있습니다. 목사 자신이 하는 일에 동조하지 않거나 반대하는 경우 교인의 결점을 무기삼아 위협하거나 협박을 합니다. 은밀히 찾아와 "나는 당신을 잘 알고 있다"는 식으로 어르기도 하고 때론 예배시간에 회중 앞에서 "내가 입을 열면 교회에 나올 수 없는 사람도 이 중에는 있다."는 식으로 노골적으로 겁을 주기도 합니다. 결국 상처받은 교인은 교회를 떠나야 합니다. 이런 목사에게 이런 식의 행동은 조폭식 교회경영 방식일 수 있겠지만 진정한 기독교의 목양과는 거리가 멉니다.

존경받는 목회자를 보면 귀는 가까이 두지만 입은 멀리 두고 있다는 것을 느끼게 됩니다. 이런 분들은 교인들의 이야기를 하지 않습니다. 누구에게서 들은 이말 저말을 옮기거나 야단을 치지도 않습니다. 조용히 경청하고 조용히 함께 기도합니다. 상처가 될 만한 일은 기억조차 하지 않습니다. 정말 고요합니다.

목회자는 실력이나 능력이 중요한 것이 아니라 누구에게서도 느낄 수 없는 성직자로서의 기품을 지녀야 합니다. 사람에게 가까운 목회자가 하나님과도 가깝습니다.

"입을 지키는 자는 그 생명을 보전하나 입술을 크게 벌리는 자에게는 멸망이 오느니라." (잠언 13장 3절)

"너는 하나님 앞에서 함부로 입을 열지 말며 급한 마음으로 말을 내지 말라. 하나님은 하늘에 계시고 너는 땅에 있음이니라. 그런즉 마땅히 말을 적게 할 것이라." (전도서 5장 2절)

23

"부목사가 본목사보다 설교 잘하면 쫓겨나?"

부목사가 본목사보다 설교를 잘하면 쫓겨난다는 말이 있습니다. 빈말이 아닌 것 같습니다. 부목사가 설교를 더 잘한다는 말이 들리면 목사도 사람인지라 기분이 좋지 않을 수도 있습니다. 그래서 목사들은 부목사를 들일 때 교인들의 마음을 사로잡을 만한 실력 있는 사람을 쓰지 않는다고 합니다.

어떤 교회는 아예 부목사에게는 설교를 시키지 않는 교회도 있는가 하면, 어떤 교회는 부목사가 교인 집을 심방하는 것조차 허락하지 않는 교회도 있다고 합니다. 심지어 어떤 교회는 성경공부와 같은 그룹 활동에 부목사가 주도적인 역할을 하지 못하게 합니다. 많은 교회가 부목사에게는 교회행정이나 허드렛일을 맡기는 정도이고 보면 한국교회 당회장 목사의 독선이 어느 정도인지는 짐작이 갑니다.

관계 설정이 중요합니다. 부목사는 본목사가 고용한, 업주와 노동자와의 관계나 주인과 하인과 같은 주종 관계가 아니라 상호 협력을 통해 성공적인 목양이 이루어지도록 하는 수평적 관계가 되어야 합니다. 지금처럼 부목사의 역할이 본목사를 보필하는 것에 지나지 않고, 본목사의 지시에 따라서만 움직이는 수동적 한계를 벗어나지 못한다면 부목사가 교인을 위해서 할 일은 별로 없습니다. 언제든지 본목사의 마음먹기에 따라서 내쫓김을 당할 처지에 있는 임시 고용직 목사에게 어떠한 비전과 목회철학이 있다 해도 그것을 펼쳐 보일 수 있는 기회는 없습니다.

한국교회에서 위임식을 가진 당회장 목사는 절간의 주지와 비슷해서 70세의 정년까지는 무소부재의 위치에서 교회권력을 좌지우지하며 정년 이후에도 막강한 영향력을 갖게 됩니다. 반면에 고용된 부목사는 언제고 교회를 떠날 마음의 준비가 되어 있어야 합니다. 본목사와 갈등을 겪지 않으려면 많은 인내심이 필요합니다.

본목사의 눈밖으로 벗어나지 않기 위해서는 매사에 옳고 그름을 분별하는 것보다는 본목사의 의중을 먼저 읽을 줄 알아야 하며, 목소리가 커서도 안 되고, 교인들의 마음을 사로잡을 만큼 인기가 있어서도 안 됩니다. 어떠한 일이 있어도 본목사와 비교 대상으로 거론되는 것은 위험천만한 일입니다. 사소한 것까지 신경을 써야 합니다. 예컨대 애들이 놀면서도 본목사 애들과 싸워서는 안 되고, 부인도 돌부처처럼 없는 듯해야 말이 없습니다.

일방적 지시와 복종관계는 불만을 갖게 합니다. 교회가 갈라지게 된 가장 큰 이유는 목사와 부목사와의 갈등이 원인이 되는 경우가 많습니다. 목사들이기 때문에 소리 내서 싸울 수가 없어서 겉으로는 드러내지 않지만 속으로는 말할 수 없는 미움으로 서로 상처투성이가 되기 일쑤입니다.

교회가 갈라지면 멀리 가지도 않습니다. 추종하는 교인들을 데리고 나와 인근에 교회를 세우고 서로 세를 과시합니다. 한때 함께 일했던 목사는 두말할 것도 없고 교인들도 왕래를 끊고 원수처럼 지내는 일이 생기게 됩니다. 이로 인해 교회 숫자가 많아져서 방방곡곡에 교회가 들어차게 되었다며 누구는 하나님의 섭리라고 말하기도 하지만 천만의 말씀입니다. 하나님의 섭리는 싸움과 분열과 반목과는 거리가 멉니다.

교회는 부목사이건 전도사이건 들일 때는 동역자라는 생각을 가져야 합니다. 부목사가 본목사보다 설교를 잘한다고 시기나 질투를 할 것이 아니라 설교 잘하는 부목사에게는 설교를 자주 맡기고 교인들의 믿음생활에 관심이 많은 부목사에게는 심방을 전담하도록 하며, 음악적 달란트가 있는 부목사에게는 찬양을, 말씀을 잘 가르치는 부목사에게는 학생들을 맡겨 성숙한 크리스천을 만들도록 하면 교회는 부흥됩니다. 교회가 갈라지지 않습니다. 본목사와 부목사가 갈등할 이유가 없습니다. 오히려 본목사의 인격이 돋보여 사람들로부터 존경을 받게 됩니다.

문제가 있는 교회 못지않게 성숙한 교회도 있습니다. 오랫동안 수고한 부목사에게 힘들지 않고 교회를 개척할 수 있도록 배려를 해 주는 교회들도 많습니다. 재정적으로 도움을 주기도 하지만 경우에 따라서는 교인들을 함께 보내서 목사가 지닌 비전을 맘껏 펼칠 수 있도록 도움을 주는 아름다운 교회도 있습니다.

내가 아는 목사 한 분은 도시교회에서 부목사로 오랫동안 일해 왔는데 본목사가 은퇴를 앞두고 다른 목사를 후계자로 세울 계획 때문에 어쩔 수 없이 교회를 떠나 동해안 어느 어촌에서 교회를 개척하게 되었습니다. 아무런 연고가 없었기에 낯선 곳에서 교회를 개척한다는 것은 여간 어려운 일이 아니었을 것입니다.

그 분이 내게 어린 아들과의 대화 한 토막을 이렇게 들려주었습니다.

"아버지, 제가 동생 데리고 예전에 살던 곳에서 학교를 다니면 안 될까요?"

어린아이답지 않게 큰 애가 무겁게 입을 열었고 "아빠, 엄마는 이제부터 여기에서 살 건데…?"라고 하자 "하숙할 돈이 없으면 제가 자취를 하면 안 될까요?"라고 말하는 눈물을 머금은 아이의 눈빛이 안쓰러웠다고 했습니다. 무엇보다 어린 남매에게 종일 파도소리만 들리는 외진 곳에서 살아야 한다는 절망감을 준 것이 무척 가슴이 아팠다고 했습니다.

이것이 현실입니다. 이처럼 목회자의 어려움은 본인 개인에 국한되지 않고 가족 전체를 어렵게 만듭니다.

"우리가 알거니와 하나님을 사랑하는 자 곧 그 뜻대로 부르심을 입은 자들에게는 모든 것이 협력하여 선을 이루느니라." (로마서 8장 28절)

"하나님의 뜻으로 말미암아 그리스도 예수 안에 있는 생명의 약속대로 그리스도 예수의 사도 된 바울은 사랑하는 아들 디모데에게 편지하노니 하나님 아버지와 그리스도 예수 우리 주께로부터 은혜와 긍휼과 평강이 네게 있을지어다." (디모데후서 1장 1절~2절)

24

목사는 CEO가 아니잖아요

"교회는 주식회사와 같아요."

대학시절에 내가 다니던 교회의 목사님이 한 말입니다. 그가 왜이 같은 말은 했는지 그 이유는 알 수 없지만 아마도 교회경영을 두고 한 말인 듯합니다.

당시 교인들은 중랑천 뚝방에다 다닥다닥 붙은 판잣집을 짓고 살고 있는 가난한 사람들이었는데 대부분 변변한 직장이 없이 하루 벌어 하루를 연명하는 날품팔이이거나 서울의 똥을 져다가 중랑천에 버리는 '똥퍼'들이었습니다. 장마에 중랑천이 범람하면 이들은 인근에 있는 교회로 몰려들었습니다.

시멘트블록 홑벽돌로 지은 교회는 겨우 바람을 막을 정도였지만 목사님의 열정만은 대단했던 것으로 기억됩니다. 그런 환경 속에서 교회경영에 관한 속내를 말할 수 있었다니 선각자(?)인지도 모르겠습니다. 아무튼 그는 성공했고 40년이 지난 지금 그의 교회는 중랑천 근방에서 가장 큰 교회가 되었습니다.

세계에서 큰 규모의 교회를 꼽으면 단연 1위에서 6위까지 한국교회가 차지하고 있습니다. 한국교회의 성장은 기네스북에 오를 정도로 인류역사상 사례를 찾기 어렵습니다. 수십만 명이 모이는 교회, 수만 명의 교인과 재력을 자랑하는 교회, 권력층 인사나 유명인사가 많이 다니는 교회가 이른바 성공한 교회(?)인데 그 배경에는 목사의 탁월한 교회경영에 관한 비결이 숨겨져 있습니다. 그리고 그 비결은 책자로 출간되고 대형교회를 꿈꾸는 목회자들에게 지침서로 서점에서 날개 돋친 듯 팔리고 있습니다.

대형교회를 이룬 성공한(?) 목사들은 기독교 계통 TV방송에 자주 등장합니다. 이들의 성공 사례는 한국교회의 대형화를 부추깁니다.

대형슈퍼마켓, 대형병원, 대형약국, 대형극장, 대형교회가 호황을 누리는 반면에 동네구멍가게, 동네의원, 동네소규모약국, 동네개척 교회가 죽게 되었습니다. 대형화가 되지 않으면 살아남기 힘든 게 현실이지요.

교회의 대형화는 교회가 살아남기 위해서가 아니라 목회자 개인이 교계의 권력자로 살아남기 위해, 교회의 귀족층으로 살아남기 위해, 사회의 특권층으로 살아남기 위해서입니다. 변명해도 보이는 결과가 오해를 받기에 충분합니다. 재력이 있거나 말재주가 뛰어난 목회자는 저마다 대형교회를 꿈꿉니다.

대부분 대형교회는 빚을 내서 짓게 되는데 수십억 원에서 많게는 수백억 원의 빚을 지게 됩니다. 이 빚은 고스란히 교인들이 부담하게 됩니다. 대형교회 교인들은 교회건축으로 인한 교회의 부채와 싸우느라 제대로 신앙생활을 할 수 없게 됩니다. 자연이 목회자의 설교는 헌금을 강요하는데 초점이 맞춰져 있으며 교인들은 고통과 시험에 빠지게 됩니다. 그러나 이상하리만치 교회는 빠른 기간에 빚을 갚게 되고 목회자는 교인들의 노고를 말하지 않고 하나님께서 해결해 주셨다는 말로 설교를 합니다.

"아무 염려 말고 빚을 내서 교회를 건축하라! 하나님이 채워 주신다."

이것이 대형교회를 건축하는 텍스트의 첫 항목으로 목회자를 겁 없도록 만듭니다.

대형교회를 유지하기 위해서는 많은 돈을 써야 합니다. 구제나 선교할 예산이 턱없이 부족해집니다. 타락이지요.

한국교회 목회자가 다 대형교회를 꿈꾸는 것은 아닙니다. 청빈한 목회자, 소명감을 지닌 목회자가 더 많습니다. 그 근거로 한국교회의 70~80%가 100명 미만의 교인을 보유한 교회이며 한국교회 중 3만여 교회가 30명 미만의 교인을 둔 마가의 다락방 규모의 교회입니다. 그리고 전체 개척교회의 52%가 월세나 전세에 들어가 있으며 이들 목회자의 월 소득은 대학졸업 초임의 반 수준인 140만 원에 불과하다고 합니다. 이들 목회자의 자녀들은 동네 피아노학원 같은 곳에도 보낼 수 없으며 다른 사교육은 꿈도 꾸지 못합니다. 그런데도 새벽마다 엎드려 일용한 양식을 주심에 감사하며 교인들을 위해 쉼 없이 기도합니다. 이들은 기독교 티비방송 같은 곳에 등장할 일은 없습니다. 교계 신문에서 이름을 드러낼 일도 없습니다. 그저 빛도 없이 이름도 없이 묵묵히 제 길을 걸어갈 뿐이지요.

교육이 열악한 농촌과 어촌, 산촌에서 아이들을 키우며 작은 마을을 상대로 사랑의 목양을 하는 이들은 살아서 순교하는 사람들입니다. 햇볕에 그을린 피부, 나이보다 훨씬 더 보이는 가꾸지 않은 모습에서 예수님을 봅니다.

　어느 목사는 대형교회를 만들어 교회경영에 성공하고, 어느 목회자는 비록 교회규모는 작지만 아름다운 목양에 성공합니다. 이들 중 누가 교인들에게 평안을 줄까요? 이들 중 누가 주님과 가까운 사람일까요? 이들 중 누가 주님 보시기에 성공한 사람일까요? 한국교회의 성장 제일주의, 번영 제일주의가 불러온 CEO 목사 열풍은 교회의 세속화를 가중시키고 있습니다.

"너희 안에 이 마음을 품으로 곧 그리스도 예수의 마음이니 그는 근본 하나님의 본체시나 하나님과 동등 됨을 취할 것을 여기지 아니하시고 오히려 자기를 비어 종의 형체를 가져 사람들과 같이 되었고 사람의 모양으로 나타나셨으매 자기를 낮추시고 죽기까지 복종하셨으니 곧 십자가에 죽으심이라. 이러므로 하나님이 그를 지극히 높여 모든 이름 위에 뛰어난 이름을 주사 하늘에 있는 자들과 땅에 있는 자들과 땅 아래 있는 자들로 모든 무릎을 예수의 이름에 꿇게 하시고 모든 입으로 예수 그리스도를 주라 시인하여 하나님 아버지께 영광을 돌리게 하셨느니라." (빌립보서 2장 5절~11절)

25

가이샤의 것은 가이샤에게로

로마치하에 있던 유대는 심한 착취를 당했습니다. 특히 유대인에게 부과된 무거운 세금은 많은 사람에게 고통을 주었습니다. 그래서 유대인들은 세금을 거두어들이는 세리를 싫어했습니다. 당시에 유대인들에게 세리는 로마의 앞잡이나 죄인으로 취급되었습니다.

마침 예수를 죽이고자 하는 무리에게 예수께 세금에 대한 질문은 예수가 빠져나갈 수 없는 기상천외한 질문이었습니다.

바리새인과 헤롯당이 예수께 묻습니다.

"선생님이여, 당신은 참되고 아무에게라도 꺼리는 일이 없으시니 이는 사람을 외모로 보지 않고 오직 참으로써 하나님의 도를 가르치심이니 이다. 가이샤에게 세를 바치는 것이 옳은 일입니까? 옳지 않은 일입니까?"

만약 예수께서 세금을 내는 것이 옳지 않다고 답을 하면 로마 실정법에 위배되는 것이며 세금을 내는 것이 옳다고 하면 유대인의 정서에 반하는 마치 세리와 같이 로마의 앞잡이가 되는 진퇴양난의 입장에 서게 될 수밖에 없는 노릇이었습니다.

예수는 무엇이라 대답했을까요?

예수는 로마 황제 가이샤의 초상이 새겨진 데나리온 하나를 들어 보이며 "이 화상과 글이 뉘 것이냐?"하고 되물으며 상대의 대답을 듣기 전에 "가이샤의 것은 가이샤에게, 하나님의 것은 하나님께 바치라"는 명답을 했습니다. 이보다 더 명쾌한 답은 없을 것입니다.

오래전부터 성직자에 대한 세금 문제가 심심찮게 인구에 회자(膾炙)되며 여론을 뜨겁게 달구고 있습니다. 성직자 세금 문제에 있어 한 편의 여론은 국민의 의무인 세금의 의무는 성직자라고 해서 비켜 갈 수는 없는 문제라고 주장하고 다른 한 편에서는 성직자가 봉사하는 직업인데 세금을 매기는 것은 천부당만부당한 일이라고 주장합니다. 전자가 보통사람들의 주장이라면 후자는 대부분의 성직자가 내세우는 주장이라는 점이 다릅니다.

성직자도 세금을 내야 한다고 주장하는 쪽은 헌법 제38조에 명시된"모든 국민은 법률이 정하는 바에 의하여 납세의 의무를 진다"는 근거를 제시합니다.

그러면 세금을 내지 않아도 된다는 쪽도 뭔가 설득력 있는 근거를 제시해야 하는데 그렇지 못하는 것 같습니다. 물론 근로소득세를 내는 목사들도 많습니다. 이들 목사 중에는 성직은 세금을 내지 않아도 될 만한 특별한 자리가 아니라 직업군속에 속하는 하나의 직업일 뿐이라고 주장하는 사람들도 많습니다.

내가 알기로 한국교회 목회자의 80~90%는 근로소득세 면세기준인 월 100만 원 미만인 점을 고려하면 굳이 세금납부를 반대하는 사람들은 10%의 고소득 목회자인 듯합니다.

정부가 동네 구멍가게나 일용직 노동자에게 칼처럼 세금을 징수하면서도 고소득 종교인에게 세금을 못 물리는 것은 솔직하게 말하면 정치적인 이유 때문입니다. 지금까지는 종교의 파워에 밀려 모르는 척해왔습니다. 그런데 세금 문제를 옳고 그름으로 논쟁하는 것은 코믹한 난센스에 불과합니다.

대한민국 헌법에 모든 국민에 대한 납세의 의무를 규정하고 있는데도 불구하고 이들은 다른 기준을 말합니다.

목회자의 납세문제에 관해 기독교 모 단체에서 개최한 세미나에서 납세반대를 주장하는 목사가 제시한 성경적 근거로 구약성서를 들었습니다. 구약 에스라 7장 24절에 "내(아닥사스다)가 너희(창고지기)에게 이르노니 제사장들이나 레위 사람들이나 노래하는 자들이나 문지기들이나 느디님 사람들이나 혹 하나님의 성전에서 일하는 자들에게 조공과 통행세를 받는 것이 옳지 않으니라 하였노라"고 하는 구절입니다.

이 주장대로라면 납세를 반대하는 사람들은 대한민국 국민이 아니라 2500년 전에 바빌론 포로로 살았던 이스라엘 사람이어야 합니다. 더욱이 그들은 기독교도가 아닌 율법을 믿는 유대교도이어야 합니다. 이런 설득력이 없는 논리는 많은 사람이 가소롭게 여깁니다.

이들이 만일 대한민국 헌법이 성경보다 하위법이라 생각한대서 그렇다면 굳이 성경에서 납세문제에 대한 명쾌한 구절이 성경 속에 있습니다. 2000년 전에 예수께서 바리새인에게 말한 "가이샤의 것은 가이샤에게로, 하나님의 것은 하나님에게로"를 적용하는 것이 타당합니다.

예수께서 말한 '가이샤의 것'이란 바로 세금을 뜻하는데 목회자가 매달 받는 월급이나 상여금, 퇴직금 등 개인소득과 관련하여 국가가 정한 세금을 납부하는 것이 옳다는 것이며 '하나님의 것'이란 순수하게 불우한 이웃이나 가난한 자를 돕는 데 쓰이는 물질을 뜻합니다.

예수님 식으로 말하면 목사가 받는 소득에 대한 세금은 정부에, 하나님께 드리는 것은 가난한 이웃을 위해 쓰이기 때문에 세금과 관련이 없다는 뜻입니다.

정치권이 종교단체의 눈치를 보느라 마땅히 물릴 세금을 못 물린다면 목사 스스로 납세의 의무를 지키는 것이 일반적인 상식입니다. 세금을 납부하지 않으면 탈세자며 탈세 목사가 강대 위에 올라 나라를 사랑하라는 설교를 한다면 누가 감동을 받겠습니까? 고액의 소득을 취하고 있는 목사들이 연일 교단 신문을 통해 납세를 독려하는 언론을 향해 독화살을 쏴댄다면 그거야말로 교계의 지도자다운 태도가 아닙니다.

"이르되 가이샤의 것이니이다. 이에 이르시되 그런즉 가이샤의 것은 가이샤에게 하나님의 것은 하나님께 바치라 하시니" (마태복음 22장 21절)

26
"교회는 절간이 아니잖아요"

그는 늘 우주적 교회를 이야기했습니다. 보이는 교회는 단지 예배당일 뿐 진정한 의미에서 교회라고 할 수 없다고도 했습니다. 교회는 장소를 뜻하는 것이 아니라 그리스도를 구주로 믿는 형제자매가 만나서 교제하는, 기도하는, 예배하는 그 자체가 교회의 참모습이라고 말했습니다.

특히 요즘처럼 교회가 대형화되고 화려하게 치장하기 위해 시도 때도 없이 건축헌금을 강요하는 물신만능시대에 그런 주장을 하는 그가 매력적이었습니다. 신선해 보였습니다. 거친 물살을 거슬러 올라가는 연어의 모습과 같이 역동적이며 고고하게 보였습니다.

그의 말을 듣고 있으면 현대의 대형교회가 얼마나 병들어 있는가 걱정이 되었습니다.

선교단체에 소속된 프리랜서 사역자였던 그는 이곳저곳 대학의 기독교 동아리며 직장 신우회를 뛰어다니며 열성적으로 성경을 가르쳤습니다. 낡은 양복을 입고 다니는 그에게서 사람들은 청빈한 성직자의 모습을 느꼈으며 경외심을 갖기도 했습니다.

눈길을 끄는 것은 또 있었습니다. 그가 가르치는 교제는 서점에서 흔하게 구입할 수 없는, 대학노트에 깨알만 한 글씨가 촘촘하게 들어찬 복사판 교제였는데 한 칸에 두 줄씩 써진 단정한 글씨체가 그의 꼼꼼한 성격을 짐작케 했습니다. 그가 만든 교제는 신약성경의 분량만큼 모두 27권이었습니다.

대개 그의 교수방법은 이 대학노트를 천천히 읽는 것이 전부였습니다. 그러나 문장이 전치사나 토씨, 부호 하나 빠뜨리지 않은 완벽한 상태였기 때문에 읽는 것이 말하는 것보다 오히려 자연스럽게 들렸습니다. 내가 속한 직장 신우회에서도 그는 단연 잘 가르치는 목사로 소문이 났습니다.

그가 개척교회를 시작했습니다. 복음에 대한 사명감과 열정이 남달라 보여서 나는 다니던 교회를 그만두고 그가 하는 개척교회에서 열심을 냈습니다. 몇 년이 지나지 않아 교회가 자리를 잡고부터 그에게 프리랜서 사역자의 고답적인 모습이 점점 사라지고 경직된 목회자의 모습이 들어나 보이기 시작했습니다.

그는 더 이상 '우주적 교회'를 말하지 않았습니다. 오직 교회부흥에만 전념했습니다. 그의 소망은 건물을 매입하여 반듯한 교회를 만드는 것이었으며 멀게는 대형교회를 가져보는 것으로 바뀌어 갔습니다.

덜커덕거리던 오르간이 사라지고 그 자리에 고급 피아노가 놓이게 되었으며 나는 젊은 사람들을 모아 성가대를 만들었습니다.

그 사이 그의 모습은 타협적이고 매우 사교적인 모습으로 변해 있었습니다. 교회에 나오는 새신자에게 그는 과분하다 싶게 친절을 베풀었습니다. 곧 교회는 부흥되었으며 그는 점점 자만해져 갔습니다.

교회에 직분자를 세우기는 했지만 그들과 교회 문제를 의논한 적은 없었습니다. 모든 일은 목사 자신이 결정해서 처리했습니다. 직분자들은 할 말이 많았지만 목사의 열정에 자신들의 믿음이 따라가지를 못하는 것이라 생각하고 불평을 하지 않았습니다.

어느 수요일 밤 예배 때에 그가 광고를 했습니다. 다음 주부터는 이곳으로 나오지 말고 새로 마련한 교회로 나오라는 것이었습니다. 새로 마련했다는 교회 건물은 아주 멀리 떨어져 있는 곳이었기 때문에 교인들에게는 불편한 점이 한두 가지가 아니었습니다. 직분자들은 서로 얼굴을 보면서 어떻게 이런 일이 있게 되었는지를 서로에게 물어보았지만 아는 이는 아무도 없었습니다. 나는 걱정이 되었습니다. '내가 개척했기 때문에 내 소유'라는 생각을 그가 갖고 있지 않기를 바랄 뿐이었습니다.

교인들은 젊은 목사가 빚을 내서 새 건물을 구입했으니 빚을 갚으려면 얼마나 힘이 들겠는가를 걱정하며 교회를 따라 집을 이사하는 사람들도 생기게 되었습니다.

사람들이 불평하기 시작했습니다. 그 불평은 생각을 바꾸면 쉽게 해결되는 아주 작은 것이었습니다. 그간 교인들은 끈기 있게 '목사님의 대학노트(?) 예배'를 오랫동안 참아온 것도 사실이었습니다. 교인들은 목사님이 절기와 주일에 따라 성경공부가 아닌 일반적인 설교를 듣고 싶어 했습니다. 주일 낮 예배는 물론 주일 밤 예배, 그리고 수요예배에도 그는 예배 대신에 복사본의 대학노트를 교인들에게 주어 끊임없이 성경공부를 강행하였던 것입니다.

교인 몇이 나를 찾아왔습니다. 아무래도 나이 많은 내가 목사님께 말씀을 드려보는 것이 좋겠다며 그들은 내 등을 떠밀었습니다.

목사와 나는 비교적 서로 허물없게 지내던 사이였지만 목회에 관해 시정을 요구하기란 그리 쉬운 일이 아니었습니다. 만나기로 약속한 날 점심을 같이 먹고 헤어지기 전에야 겨우 나는 말문을 열었습니다.

"목사님께 부탁이 있는데요. 주일 낮 예배는 주제에 관한 설교를 하시고, 주일 밤 예배는 온 교인이 참여하는 찬양예배를 드리고, 수요일에 성경공부를 하면 어떨까요?"

내 말에 자존심이 상했던지 그의 얼굴빛이 노여움으로 붉게 변하는가 싶었는데 그는 생각할 여유도 없이 단호한 어조로 말을 했습니다.

"내 목회방식이 맘에 아니 든다는 말인가요? 중이 절간이 싫으면 떠나야 하는데 집사님이 교회를 떠나면 되는 것 아니겠어요?"

나는 망연자실 그를 쳐다보다 겨우 꺼져 들어가는 작은 소리로 대꾸를 했습니다.

"목사님, 교회는 절간이 아니잖아요?"

그가 돌아간 후 형언할 수 없는 슬픔과 쓸쓸함이 밀려왔습니다. 그 뒤 얼마를 지나지 않아 나는 그 교회를 떠났습니다. 그와 마주칠 때마다 "절간이 싫으면 중이 떠나야 한다."라는 그의 말이 떠올랐고 그럴 때마다 "교회는 절간이 아니다."라고 항변하는 마음이 결국 그와 멀어지게 되었습니다.

"내가 네 행위와 수고와 네 인내를 알고 또 악한 자들을 용납하지 아니한 것과 자칭 사도라 하되 아닌 자들을 시험하여 그의 거짓된 것을 네가 드러낸 것과 또 네가 참고 내 이름을 위하여 견디고 게으르지 아니한 것

을 아노라. 그러나 너를 책망할 것이 있으니 너의 처음 사랑을 버렸느니라." (요한계시록 2장 2절~4절)

27

문 걸어 잠그고서
만민이 기도하는 집이라 하지 마라

현대를 기도가 상실된 시대라고 말합니다. 전화나 인터넷과 같은 아이티 매체가 발달함으로써 사람과 사람 사이가 마치 거울을 볼 수 있는 것처럼 명징해지고 세계가 한눈에 들어오는 글로벌한 다문화시대에 사람들은 기도를 마치 원시적 행위로 생각하게 되었습니다. 따라서 복을 빌어주는 축복의 기도가 사라지고 자신만을 위한 이기적인 기도만 남게 되었습니다.

기도는 잘사는 사람이나 가난한 사람이나 차별이 없습니다. 많이 배운 사람이나 배우지 못한 사람이나 차별이 없습니다. 기도는 남녀노소가 차별이 없습니다. 기도는 굳이 소리를 내 하지 않아도 하나님의 귀는 사람의 심연에 있는 소리를 들으십니다. 기도는 얼마나 정직하고 진지한가 하는 진정성이 중요합니다. 그렇지 못한 기도는 기도가 아니지요.

거리나 회당에서 소리쳐 기도하는 외식하는 바리새인을 독사의 자식이라 꾸짖는 예수님께서"너희는 이렇게 기도하라"고 우리에게 기도에 관한 텍스트를 주셨습니다. 바로 '주기도문'인데 이 기도문에는 감사와 용서와 바르게살기를 소망하는 기원이 담겨 있습니다.

교회당 입구에서 '만민이 기도하는 집'이라는 표어를 흔히 볼 수 있습니다. 참 좋은 표어지요. 외국의 어느 교회당에도 찾아볼 수 없는 이 표어를 유독 한국교회만이 이름표처럼 달고 있는 것을 보면 한국교회가 기도를 그만큼 중요하게 여기고 있다는 것을 알 수 있습니다. 세계 어디에서도 찾아보기 어려운 새벽기도회를 한국교회는 초창기부터 지금까지 유지해 오고 있는 것도 신앙생활에 기도가 얼마나 중요한가를 말해주고 있습니다.

'기도'라는 단어에서 모든 종교인은 친근함과 경건함을 동시에 느끼게 됩니다. 종교가 없는 사람도 '기도'라는 단어는 밀레의 그림 '만종'에서 느껴지는 엄숙함을 느끼게 됩니다.

다섯 사람 중 한 사람이 기독교인인 나라, 대한민국이 그런대로 정직하게 유지되는 것은 자신의 삶을 부단하게 성찰하는 기도하는 사람들이 많기 때문일 것입니다. 특히 한국의 기독교인에게 '기도'는 일상화되어 있어서 신앙생활의 호흡이라고 믿고 있습니다. 그런데 복잡한 도시에서 사는 사람들에게 조용히 기도 할 수 있는 처소를 갖기란 쉬운 일이 아닙니다. 이럴 때 교회당이 '만민이 기도하는 집'이 된다는 것은 당연하면서도 반가운 일입니다.

기도가 상실한 시대에 교회가 '만민의 기도하는 집'으로서 갈급한 심령에게 기도의 처소가 된다는 것은 당연히 교회의 본분이기도 합니다. 그런데 '만민의 기도하는 집'이라는 표어를 버젓이 붙이고 있는 교회당에 아무 때나 들어갈 수가 없습니다. 기도하고 싶다고 누구나 들어갈 수 없습니다. 도시에 있는 교회일수록, 규모가 큰 교회당일수록 문은 꼭꼭 잠가둡니다. 문이 잠겨 있을 뿐 아니라 집을 지키는 사찰이 지키고 있습니다. 이들 교회는 정해진 예배시간에만 문을 열어 둡니다.

이유는 교회당에 있는 물건들을 도둑맞을까 봐 문을 잠겨놓는다고 하는데 왜 교회당 안에 값비싼 물건을 두고 도둑 걱정을 하는지 모르겠습니다. 그것은 다름이 아니라 교회를 사치스럽게 꾸미기 때문이다. 전자오르간과 피아노, 값비싼 오디오 스피커와 비디오설비, 이런 사치스러운 물건이 있으면 은행처럼 이중삼중으로 문을 걸어 잠가두게 됩니다.

누구나 언제고 들어와 기도할 수 없는 교회는 좋은 교회가 아닙니다. 사치스럽게 꾸며놓은 교회에 누군가가 기도하러 오게 되면 교회는 잔뜩 경계의 눈빛으로 혹시 무엇을 잊어버리지나 않을까 은근히 걱정이 될 것입니다. 이런 교회에 걸려있는 '만민이 기도하는 집'이라는 표어는 겉치레용에 불과한 것이지요.

교회가 상한 심령이 들려서 기도하며 새 힘을 얻을 수 있는 조용한 처소, 애통해하는 심령이 위로받을 수 있는 영혼의 쉼터가 되지 못한다면 거대한 파이프오르간이 내는 선율이나 대규모 성가대가 부르는 찬양은 부질없는 꽹과리소리에 지나지 않을 것입니다.

'만민이 기도하는 집'이라는 말 속에는 항상 열려 있다는 뜻과 기도하려는 사람을 기다리고 있다는 깊은 뜻이 담겨 있습니다.

그런데 영혼구원과는 관계없이 교회를 치장하는 것은 기독교가 정치 권력화된 중세의 타락한 교회에서나 볼 수 있는 타락의 현상입니다. 그리고 그 치장물을 지키기 위해 문을 걸어 잠가두는 일은 결코 선한 일이라 할 수 없습니다.

교회는 청빈해야 합니다. 도둑맞을 만한 물건이 없는, 무릎 꿇을 수 있는 마룻바닥과 그리스도의 사랑을 상징하는 십자가만 있으면 족합니다. 혹은 배고픈 도둑이 올 수도 있습니다. 이를 위해 교회당 문간에 곡식을 담아놓아 배고픈 사람이 언제고 와서 교회가 마련한 곡식을 퍼갈 수 있도록 배려한다면 정말 아름다운 교회가 될 것입니다.

설령 교회가 도둑을 맞는다 해도 교회이기 때문에 문제를 삼아서는 안 되며 용서와 자비와 오래 참음으로 상한 영혼을 기다리는 교회가 되어야 합니다. 살인자에게도, 도둑에게도, 그보다 더한 죄인에게도 교회는 열려 있어야 합니다. 죄인이 교회를 통해 예수를 만나고 구원받을 수 있다면 그보다 더 큰 사랑이 어디에 있겠습니까. 하늘 아버지께서도 칭찬하실만한 일입니다.

"그들에게 이르시되 기록된바 내 집은 기도하는 집이 되리라 하였거늘 너희는 강도의 소굴을 만들었도다 하시니라." (누가복음 19장 46절)

28

교회에서 어울리지 않는 호칭

어떤 사람은 직장에서도 '장로님'이나 '집사님'이라는 호칭을 쓰는 사람들이 있습니다.

물론 이들은 기독교 신자들입니다. 자신이 같은 기독교인이라는 것을 상대방에게 인식시킴으로써 친밀감을 갖게 하려는 의도이겠지만 상대가 직장의 상사라면 여러 가지로 곤란을 겪게 됩니다. 우선 상대가 교회 직분으로 호칭을 하면 이쪽도 상응하는 호칭을 써야 하는데 그러다 보면 남들의 눈에 아주 이상하게 비취게 됩니다. 일이라도 잘했으면 좋겠는데 교회와 사회에 대해 분별력이 없는 이런 사람들은 일도 시원찮게 합니다. 꼬박꼬박 '장로님'이나 '집사님'이라는 호칭을 쓰는 부하직원이 게으름을 피우거나 일을 잘 못해도 야단을 칠 수가 없습니다. 야단을 치면 "뭐 장로가 저래" "교회집사가 성질머리가 더러워" 하며 곧 사이가 나빠지고 시험에 빠지게 됩니다.

회식자리에서 술이라도 한 잔 앞에 두면 '장로님'이나 '집사님' 하고 불러 사람을 긴장시키고 노래방 같은 곳엘 가서 가요를 부르면 대뜸 "아이쿠 장로님도 이런 노랠 다 하세요? 찬송가만 하시는 줄 알았는데요." 하며 분위기를 깨기 십상입니다.

"장로라 뭔가 달라" "교회집사라 성품이 온유해" 이런 말을 들으면 좋으련만 그렇게 살기가 쉽지 않습니다. 화를 내거나 예전 같으면 넘어갈 수 있는 실수를 저지르면 쉽게 "저 사람 교회 장로래" "저 사람 교회집사라는데 성질머리를 보면 잡사야." 하면서 수군수군 입방아를 찧습니다. 기독교인이 아닌 사람들은 더 이상 관용하지 않습니다.

그러기에 교회 안에서 불러야 할 호칭을 아무 데서나 함부로 사용하는 것은 적절치 않습니다. 많은 사람의 행실이 그리스도인으로서 덕을 세우는 일보다 그렇지 못한 경우가 많기 때문입니다.

내가 다니던 교회 목사님은 인품이 훌륭한 분으로 평판이 나 있습니다. 조용하고 사려가 깊고 인자한 분으로 교계의 많은 목사로부터 존경을 받는 분이었습니다. 그런데 이런 분도 완벽하지는 않은 모양입니다.

교회에서 교인들을 호칭할 때 그냥 '집사님' '성도님'하면 될 것을 '박사님' '검사님' '교수님'이라는 호칭을 쓰는 것이 귀에 거슬립니다.

집사나 성도보다는 사회적으로 명망 있는 박사나 검사, 교수라는 호칭을 써주는 것이 당사자에 대한 예우라고 생각해서 그러는지, 우리 교회에는 이러이러한 명망가들이 다니고 있다는 것을 은연중 자랑하고 싶어서 그러는지, 아니면 그런 명망가들과 같은 선상에 자신이 서 있다는 것을 내비치고 싶은 건지 잘 모르지만 좋은 것 같지는 않습니다.

당사자들도 머쓱하지만 박사나 판검사, 의사, 교수가 아닌 평범한 소시민 교인에게 그런 호칭이 어떻게 들리겠습니까?

"아. 여긴 저런 분들이 다니는 교회로구나. 아무래도 잘못 온 것 같아, 내 수준에 맞는 교회를 찾아봐야겠어."

교회를 처음 나온 사람들은 이질감을 갖게 될 것이고 성깔이 있는 사람은 "그래 너희끼리 잘 해봐"하며 고부라진 마음을 갖게 될 것입니다.

예수가 구원할 대상이 나라와 종족과 빈부를 초월한 만인이듯 교회는 모든 사람에게 평등해야 합니다. 교회에서는 어떠한 특권의식을 가져서는 안 됩니다.

예수께서는 세리, 바리세인, 백부장, 제사장과 서기관, 그리고 마지막에는 총독 빌라도를 만났지만 이들에게 사회적·신분적 직함으로 호칭한 적이 없이 모두 '너희'(you)라고 불렀습니다.

예수께서 세상에 계실 때, 가난한 자와 병든 자와 소외된 자들의 친구가 되신 것을 기억한다면 오히려 교회는 배운 자와 못 배운 자, 가진 자와 없는 자, 건강한 자와 병든 자 중에서 어느 편에 더 관심을 가져야 하는지는 명백해집니다. 최소한 교회는 모든 사람에게 공평해야 합니다.

교회에서는 특권층이 있어서는 안 됩니다. 사회에서 특권층이 교회에 그대로 옮겨와서는 안 됩니다. 교회당 문에 들어서는 순간 '예수를 구주로 믿는' 기독신자로서 수평적 위치로 바뀌어야 합니다. 세상을 움직이는 사람이 교회를 움직여서는 안 됩니다. 교회 안에서 사회적 신분을 나타내는 호칭을 부르는 것은 잘못이기도 하지만 교인들 간에 위화감을 갖게 만드는 원인이 되기도 합니다.

교회는 서로를 섬기는 곳입니다. 목사와 장로와 권사와 집사가 수직적 관계가 아니라 서로 섬기는 수평적 관계여야 은혜로운 교회가 됩니다.

"내 형제들아 영광의 주 곧 우리 주 그리스도에 대한 믿음을 너희가 가졌으니 사람을 차별하여 대하지 말라. 만일 너희 회당에 금가락지를 끼고 아름다운 옷을 입은 사람이 들어오고 또 남루한 옷을 입은 가난한 사람이 들어올 때에 너희가 아름다운 옷을 입은 자를 눈여겨보고 말하되 여기 좋은 자리에 앉으소서 하고 또 가난한 자에게 말하되 너는 거기 서 있든지 내 발등상 아래에 앉으라 하면 너희끼리 서로 차별하며 악한 생각으로 판단하는 자가 되는 것이 아니냐." (야고보서 2장 1절~5절)

29

부흥회 뒤끝 시험에 빠진 교회

부흥강사는 교회까지 찾아오는데 기차역에서 택시를 타고 왔다며 잔뜩 화가 나 있었습니다. 차를 가지고 마중을 나오지 않았다며 이렇게 강사를 대접하면 벌받는다고 부흥회 첫날부터 야단을 쳤습니다.

자신이 누군지를 안다면 이런 대접을 할 수 없다며 지방에 부흥회를 갈 때면 초청하는 교회에서 비행기 1등석 좌석을 구입해서 모셔 간다며 축복받을만한 교회는 떡잎부터 알아볼 수 있는데 어째 이 교회는 하는 것이 신통찮다며 교인들을 야단쳤습니다.

당회장 목사님은 무슨 죄라도 지은 것 마냥 고개를 푹 숙이고 있었고 장로님을 비롯한 재직들은 안절부절 부흥강사의 지청구가 끝나기를 바라며 고개를 들지 못했습니다.

부흥강사는 교회가 가난해서 그 흔한 봉고차 한 대도 없다는 것을 모르는 것 같았습니다.

교인들은 부흥회에서 은혜를 받겠다며 한 달 전부터 전교인 새벽기도회를 갖고 부흥회 직전에는 철야기도회를 가졌었는데 첫날부터 부흥강사는 자신에게 대접을 소홀히 한다며 야단을 치니 교인들의 마음은 착잡해질 수밖에 없었습니다.

부흥회는 하루 세 번, 새벽과 오전, 그리고 밤 시간으로 나누어 진행되었는데 부흥강사는 하루 세 번 가족의 숫자만큼 감사헌금을 내야 한다며 일일이 장로님들에게 가족이 몇 사람인가를 물었습니다.

놀라운 것은 당회장 목사님이 가족 수만큼의 헌금봉투를 강대상에 올려놓았습니다. 봉투마다 당회장 목사님의 가족 이름이 적혀 있었습니다.

가난한 교인들은 고민하기 시작했습니다. 다른 교인들은 어떻게 하는지 눈치를 살피는 분위기였습니다. 집회의 많은 시간을 강사는 헌금봉투에 쓰인 가족의 이름을 불러가면서 복을 꼭꼭 눌러 흔들어 30배 60배 100배로 채워 달라는 내용의 기도를 했습니다.

부흥강사는 자신이 신유의 은사를 지니고 있는데 병으로 죽게 된 재벌 사모님이 자신의 안수를 받고 깨끗하게 병이 나았다고 했습니다. 지금도 그때에 병 나은 사모님이 고맙다고 어디를 갈 때마다 몇천만 원씩 가져다준다며 자랑을 했습니다.

병낫기를 원하는 사람은 그 사모님처럼 마음의 준비가 되어 있어야 한다며 감사하는 마음이 있어야 병을 고칠 수 있다고 말했습니다.

부흥강사가 어디 아픈 사람은 앞으로 나오라고 했을 때 아무도 나가지 않았습니다. 그들에게는 부흥강사의 마음을 흡족하게 할 돈이 없었습니다.

부흥강사는 입이 짧았습니다. 교인들이 지극정성으로 해온 음식을 젓가락으로 서너 번 깔짝대다가 그만두었습니다. 시골이라서 음식이 맘에 안 든다고 했습니다. 겨우 이틀이 지났는데 교인들의 마음은 은혜고 뭐고 빨리 부흥회가 끝나기를 바랐습니다.

　부흥강사가 성가대에 있는 내 처를 불러냈습니다. 그리고 웃옷을 벗으라고 했습니다. 그녀가 머뭇거리자 믿음이 없다며 들어가라고 했습니다. 믿음이 있으면 순종해야 하는데 그렇지 못하다는 것입니다. 나는 이 어이없는 광경을 바라보면서 '저자가 과연 목사일까?' 하고 생각했습니다. 나는 똑바로 그를 노려봤습니다. 그리고 나는 그 뒤의 집회부터 참석하지 않았습니다. 부흥강사가 자리에 없는 나를 찾으며 이렇게 말했다고 합니다.

　"독사눈을 해가지고 빼꼬롬히 나를 노려보던 집사가 안 나왔군요."

　최 집사는 교회에 나온 지 채 1년이 안 되었는데 열심을 냈습니다. 그녀는 동네의 여자들을 교회로 인도했습니다. 평소 사람이 좋고 붙임성이 있어서 동네 여자들은 교회가 좋다거나 예수님을 알아서가 아니라 최 집사의 권유를 뿌리치지 못하고 그녀를 따라 교회에 나왔습니다.

　그녀가 은혜를 받기 위해 몸을 깨끗하게 해야 한다며 새벽마다 우물에 가서 몸을 씻고 부흥회를 나왔습니다. 쌀쌀한 초겨울 날씨에 그녀는 몸을 씻었습니다. 그리고 부흥회가 끝날 때까지 열심히 참석했습니다.

　부흥회가 끝났습니다. 문제는 이제부터 일이 생겼습니다. 최 집사가 이상해진 것입니다. 부흥강사는 떠나고 예배시간에 그토록 점잖았던 최 집사가 욕설과 이상한 소리를 지르며 난장판을 만들었습니다. 아무도 말릴 수가 없었습니다. 교인들은 귀신이 들렸다고 수군거렸습니다. 깨끗하게 한다며 목욕을 하고 마음을 비웠기 때문에 사탄이 불쑥 들어온 것이라는 말도 안 되는 소문이 들려왔습니다.

최 집사 남편이 교회를 찾아왔습니다. 교회가 마누라를 망쳐놨다며 소송을 하겠다고 난리를 쳤습니다. 그간 최 집사가 전도한 여자들도 남편들이 교회를 못 나가게 했습니다. 최 집사 소문은 삽시간에 퍼졌고 최 집사네 동네에서 나오던 교인들도 모두 교회에 발길을 끊었습니다.

부흥회로 인해 교회는 시험에 빠졌습니다. 부흥강사가 귀신을 데리고 왔다며 그를 원망하는 교인들이 있는가 하면 당회장 목사님이 뭔가 숨기는 것이 있는데 들어온 헌금을 부흥강사와 반반씩 나눠 가졌을 것이라고 말하는 교인들도 있었습니다. 교회가 어려움에 빠졌지만 아무도 책임을 지는 사람이 없었습니다.

"나는 선한 목자라 선한 목자는 양들을 위하여 목숨을 버리거니와 삯꾼은 목자가 아니요 양도 제 양이 아니라 이리가 오는 것을 보면 양을 버리고 달아나나니 이리가 양을 물어가고 또 헤치느니라. 달아나는 것은 그가 삯꾼인 까닭에 양을 돌보지 아니함이나 나는 선한 목자라 나는 양을 알고 양도 나를 아는 것이 아버지께서 나를 아시고 내가 아버지를 아는 것 같으니 나는 양을 위하여 목숨을 버리노라." (요한복음 10장 11절~15절)

30

신학교 만들어 제멋대로 목회자 배출하는 교회

비닐하우스 농사는 작물을 속성으로 재배해서 시장에 빨리 내다 팔면 높은 가격을 받을 수 있는 이점이 있습니다. 적당한 온도와 통풍이 잘되도록 하면 제철이 아니어도 채소나 과일을 소출할 수 있어서 요즘엔 어디를 가나 비닐하우스로 농사를 짓는 모습을 흔하게 볼 수 있습니다. 그런데 이렇게 재배한 작물은 노지에서 자란 작물에 비해 맛이 현저하게 떨어진다고 합니다.

취업을 위해 비교적 손쉬운 기술을 배우는 데는 속성반이 있는 것을 알고 있었지만 6개월 만에 목사를 배출해내는 신학교가 있다는 것을 최근에 알게 되었습니다. 정규신학 과정이 아닌 소위 속성코스로 목사가 된 사람 중에는 드물게 실력(?)을 갖춘 사람도 없지 않을 것입니다. 뜨거운 종교심과 말주변, 그리고 호감 가는 인상을 지닌 사람은 교회를 개척하면 어느 정도는 성공(?)하기도 합니다.

내가 아는 분이 목사안수를 받는다고 연락을 해와 서울에 있는 어느 신학교를 물어 물어서 찾아갔습니다. 애초부터 교회를 찾았더라면 쉽게 찾아갈 수 있었는데 그가 다닌다는 신학교를 물어도 아는 사람이 없어 반나절을 헤매다 겨우 찾을 수가 있었는데 교회 안에 들어가서야 그곳이 신학교를 겸하고 있는 교회라는 것을 알게 되었습니다. 신학교는 비좁은 공간에 합판으로 벽을 쳐서 여러 개 방을 만들고 학장실, 강의실, 예배실 등으로 구분하여 놓은 게 전부였습니다.

목사 안수식이 시작되었습니다. 강단에 올라가 안수를 하는 목사들은 얼마 전에 그곳에서 안수를 받은 속성코스 출신 목사였습니다.

이 목사들은 대부분 검증되지 않는 학력을 지닌 사람들로서 목사 이전에 다양한 직업을 가진 분들이라고 합니다. 시장골목의 국밥장사, 건축업자, 동네 구멍가게 주인, 부동산 중개업자 등 다양한 직업을 가진 사람들이었다고 합니다. 이들의 공통점은 모두가 사업에 실패한 사람들이라는 것입니다.

이들은 이곳에서 6개월간 속성코스로 신학공부를 마치고 목사안수를 받게 되는 것이었는데 문제는 이들이 여러 가지 이유로 사업에 실패를 하거나 불운이 겹쳐 어찌할 수가 없어 결국 막장인생의 결심으로 신학을 선택한 사람들입니다. 그런데 이들은 하나님께서 자신을 주의 종(목사)으로 선택하기 위해 사업을 실패케 했으며 다른 길을 가지 못하도록 했다고 믿는다는 것입니다.

이들은 사업 실패의 원인이 경영의 미숙이나 대인관계의 부족, 원만한 자금조달 능력의 부족 등 비즈니스 측면에서 깊이 생각하고 반성하기보다는 간단히 하나님이 실패하도록 만들었다고 믿는 종교적 숙명론자들입니다.

목회가 정말 어려운 것인데 세상에서 실패한 사람이 다시 세상으로 나가서 사람들의 마음을 사로잡을 수 있을까를 생각해 보면 이들이 너무나 무모한 결정을 했다는 생각이 듭니다.

대게 속성코스로 신학공부를 하고 목사안수를 받기 위해서는 최소한 기백만 원의 기부금을 내야 한다고 합니다. 신학교 역시 이익을 추구하는 기관이다 보니 공짜로 목사안수를 하지는 않습니다.

더 큰 문제는 이렇게 배출된 목사들이 기존의 교단과 같은 이름으로 새로운 교단을 만들고 교세를 확장해 나간다는 점입니다. 문제는 신학적 지식과 성직자의 덕목을 갖추기에는 턱도 없이 부족한 사람들이 목사가 되어 한국교회의 질을 떨어뜨리고 많은 불미스러운 사건을 일으키게 됩니다.

최근에 전북 모 기도원에 가짜 신학교를 세우고 학생을 모집하여 대학원 재학증명서, 졸업 증명서, 사회복지사 자격증, 기자증을 팔아 수억 원을 챙긴 목사가 경찰에 구속되는 사건이 있었습니다.

교인들이라도 목자와 이리를 가려낼 수 있는 안목이 있으면 좋은데 그렇지가 않습니다. 그저 목사라고 하면 하나님 바로 아래에 앉아있는 하늘의 문지기로 생각하거나 목사는 다른 사람보다 정직하고 순수하고 올바른 사람이라고 생각하는 사람들이 많습니다. 이처럼 분별력이 없다 보니 별별 사기꾼에게 걸려들어 마음고생을 하고 시험에 드는 경우가 있습니다.

이제는 교단 간판만을 보고 교회를 선택하기에는 불안합니다. 아무리 한국의 대표적인 교단 간판을 내건 교회라도 목회자를 알기 전에는 마음을 놓을 수가 없습니다. 엉터리 삯꾼 목자를 만나게 되면 금전적, 시간적 손실은 말할 것도 없고 시험에 빠져 자칫 신앙생활을 포기하는 경우도 생기게 됩니다.

　그렇다면 좋은 목자와 삯꾼 목자를 구별할 수 있는 방법은 없을까요? 답은 간단합니다. 이성적으로 생각하면 쉽게 구별할 수 있습니다. 좋은 목자는 애통해하는 자, 심령이 가난한 자, 온유한 자가 받게 되는 천국의 복을 가르치지만 삯꾼 목자는 이 땅에서 무병장수하고, 돈 잘 벌고, 자손대대로 호의호식하는 것이 복이라고 가르칩니다. 삯꾼 목자는 이 땅에는 믿을 만한 곳이 없으니 하늘에 보물을 쌓아두라며 교회에 헌금을 하는 것이 곧 하나님께 투자하는 것이라고 은근히 부추깁니다.

　좋은 목자는 가난한 자를 위한 나눔을 강조하지만 삯꾼 목자는 교회에 내놓는 헌금을 강요하며 집을 짓는데, 땅을 구입하는 데 신경을 씁니다. 이렇게 해서 늘어난 교회재산은 교묘하게 자신의 재산으로 만들기도 합니다. 이런 사람들은 처음부터 성직자의 길을 택했던 것이 아니라 성직자로 위장한 자 가증한 자들입니다.

"거짓 선지자들을 삼가라 양의 옷을 입고 너희에게 나오나니 속에는 노략질하는 이리라." (마태복음 7장 15절)

31

예수 상품을 파는 자들

"내가 던지는 방석이 앞에 떨어지면 5,000불(달러) 헌금할 각오 돼 있으면 아멘해라. 나한테 떨어졌다 생각하고 3,000불 한 번 해보겠다는 사람 있나. 불황인 거 다 안다. 하나님은 불황일 때 십일조 하는 것을 본다. 난 물질로 바쳐서 축복받는 것을 너무나 많이 체험했다. 조용기 목사 빼놓고 나만큼 대접받은 사람 아무도 없다."

이런 말을 사람들 앞에서 한다면 이해가 되는가요? 불황일 때 십일조하면 하나님이 축복한다는 말이 성경적이라고 생각하는가요? 나는 이런 기사를 보면서 문득 흉년에 농민으로부터 돈과 곡식을 갈취한 고부군수 조병갑이 생각났습니다. 이 사람이 누구관데 하나님을 인정머리 없는 탐관오리로 만드는 것인가? 생각했습니다.

이 말도 안 되는 설교는 원로목사인 K목사가 뉴욕에서 열린 부흥회에서 한 말이라고 합니다. 헌금에 관해 한 설교도 믿어지지가 않았습니다.

* 출처: 오마이뉴스. 2010. 04. 25

"초등학교 때부터 돈 좀 생기면 몽땅 바치던 우리 둘째 딸은 그렇게 바치더니만 재벌 그룹의 며느리가 됐다. 난 열댓 평짜리 아파트도 없을 때 500평 대지에 집 지어서 주더라. 몇 년 후 예배당 짓다가 빚져서 내놓았는데 다시 10억짜리 주더라. 그러다 또 바쳤는데, 그랬더니 남양주 강가에 1,000평 되는 4~50억짜리 줬다. 몇 년 전 부흥회할 때 그렇게 비싼 곳에서 살면 되겠느냐는 하나님의 음성을 듣고 다시 바쳤다. 그랬더니 교회에서 고급 아파트를 사주더라."

기사대로라면 그가 하나님께 바쳤다는 말은 가난한 자를 위해, 불쌍한 자를 위해, 병든 자를 위해, 굶주린 자를 위해 썼다는 내용이 아닙니다.

그는 교회가 하는 사업에 투자한 것을 하나님께 바쳤다고 표현하고 있는 것입니다. 그렇게 투자해서 얻어진 몇 곱절, 수십 곱절의 재테크를 그는 하나님이 축복이라고 표현하고 있습니다. 정직하게 말하면 그를 추종하는 교인들이 마련해 준 것일 텐데….

이 설교의 요지에 숨어 있는 의미는 "바쳐라 그리하면 주실 것이다." 하는 하나님께 투자해 보라는 식입니다. 불황이라서 아무것도 안 될 때 하나님께 투자하면 몇 곱절, 수십 곱절의 이윤을 남길 수 있다는 식입니다. 하나님이 확실한 투자의 대상, 곧 재테크의 비밀(?)을 말하는 것입니다. 아무래도 그가 섬기는 신은 여호와 하나님이 아닌 재물의 신 맘몬(mammon)일지도 모르겠습니다.

사람이 타락하면 하나님도 예수님도 상품으로 내다 팝니다. 전혀 하나님을 두려워하지 않습니다. 때론 하나님의 권위 자리에 주저함 없이 앉기도 합니다. 자신의 마음에 안 들면 가차 없이 지옥으로 보내기도 합니다.

예수를 상품으로 파는 사람이 대형교회 목사인 경우 그 파급력은 대단합니다. 매주 기독교 교단의 방송사들이 대기하고 있다가 그의 설교를 중개합니다. 수많은 교인이 맹목적으로 그를 추종하며 보호합니다. 그럴수록 그는 대담하게 반기독교적, 반성서적·반복음적인 말들을 쏟아냅니다.

4세기에 기록된 유다복음과 영지주의자들의 논쟁을 제외하면 유다는 은 30냥을 받고 예수를 판자로 성경은 말하고 있습니다. 그는 그 일로 해서 양심의 심한 고통을 받다가 결국 자살을 하고 맙니다. 그런데 오늘날 예수를 상품으로 파는 한국교회의 맘몬주의 목사들은 일생 동안 호의호식하며 마지막에는 부귀를 자식에게 세습을 하는 악행을 저지르고 있습니다.

이들의 공통적인 면은 지상에서의 물질적 누림을 하나님의 축복이라고 가르치고 있습니다. 많이 가진 자, 권력을 가진 자를 축복받은 표상으로 내세웁니다. 철저하게 하나님을 투자의 대상으로 물질화시킵니다. 30배, 60배, 100배의 축복을 내세우며 헌금을 강요합니다. 이렇게 해서 모은 돈으로 호화스런 대형교회를 짓고, 부동산에 투자해서 재산을 늘려갑니다. 목사는 그 성장실적을 내세워 억대 연봉과 고가의 아파트를 제공받습니다.

이들에게 "내 양을 치라, 내 양을 먹이라."(요한복음 24장)라는 예수님의 명령은 아무런 의미가 없습니다.

"이때에 예수께서 기도하시러 산으로 가사 밤이 새도록 하나님께 기도하시고 밝으매 그 제자들을 부르사 그중에서 열둘을 택하여 사도라 칭하

셨으니 곧 베드로라고도 이름을 주신 시몬과 그의 동생 안드레와 야고보와 요한과 빌립과 바돌로매와 마태와 도마와 알패오의 아들 야고보와 셀롯이라는 시몬과 야고보의 아들 유다와 예수를 파는 자 될 가룟 유다라."
(누가복음 6장 12절~16절)

32

쏟아지는 신학교 졸업자 어쩌란 말인가

280개 신학교에서 매년 만 명이나 되는 목회 예비자가 배출되고 있습니다. 교회는 이들을 수용할 수가 없으며 무임 목회자만도 5만 명~10만 명이나 된다고 합니다. 이들은 생계를 위해 투잡, 스리잡을 마다하지 않습니다.

한국의 기독교인은 정체되어 있거나 줄어드는 추세인데 반해 교회는 기하급수적으로 늘어갑니다. 어디를 가나 교회가 차고 넘쳐서 교회당을 얻어 들어갈 곳도 마땅치가 않습니다. 아파트상가 건물에는 몇 개의 교회당이 들어서 있습니다. 심한 곳은 복도를 사이에 두고 양측에 교회가 있어서 주일이면 양쪽에서 주보를 나누어 주는 진풍경을 볼 수 있습니다.

빚을 내서 교회를 개척해도 사람 모으기가 쉽지 않습니다. 급기야는 서너 가정을 모아 단출하게 예배를 드리는 가정교회가 생기고 있습니다.

이 사회에 교회처럼 빈부의 격차가 큰 곳은 찾아보기 어렵습니다. 우리나라 기독교인의 70~80%는 대형교회에 출석하고 20~30% 교인이 100명 미만의 작은 교회에 출석한다고 합니다. 30명 이하의 미니교회도 우리나라에 3만 개나 된다고 하니 부익부 빈익빈 현상이 심하다는 것을 알 수 있습니다.

교회는 같은 하나님, 같은 예수를 믿고 같은 사도신경으로 신앙고백을 하는데 도시의 대형교회는 쌓아둘 곳이 없을 정도로 헌금이 모이지만 도시의 개척교회나 농촌교회, 어촌교회 목회자는 생계를 유지하기가 어려울 정도로 가난합니다.

대형교회 목사는 자식과 사위 며느리까지 유학을 보낼 수 있게 넉넉하지만 농어촌교회는 인근 도시에 아이들을 보내 교육을 시킬 엄두를 못 내고 가난을 대물림하게 됩니다.

대형교회 목사는 소명을 부르짖지만 가난한 목사는 소명 이전에 어떻게 겨울을 날 것인가를 걱정하는 것이 현실입니다.

교회가 부흥되면 교역자를 많이 써서 신학졸업자에게 일자리를 주면 좋은데 당회장 목사는 여러 가지를 고려해야 합니다. 자신보다 많이 배운 사람은 배제하고 자신보다 설교를 잘하는 사람은 배제하고 자신보다 큰 비전을 가지고 있는 사람은 배제합니다.

부목사가 교인들로부터 호평을 받게 될 경우 혹시나 부목사가 교인들은 데리고 딴살림을 차리지는 않을까 노심초사하게 됩니다. 그래서 목회의 동역을 통해 교인들을 바른 신앙으로 양육하려는 생각보다는 당회장 목사에게 순종하는 믿을만한 사람인가를 생각하게 됩니다.

가난한 교회에 부임한 젊은 부목사나 전도사는 교회에서 받는 월급으로는 도저히 생활을 할 수가 없습니다. 소명의식만 가지고는 버티기가 힘듭니다.

내가 아는 유능한 전도사는 생활고 때문에 목회를 그만두고 새벽 시장에서 막노동을 하고 있습니다.

신학을 공부한 적잖은 사람들이 인력시장을 통해 막노동을 하거나 대리운전, 동네 슈퍼마켓이나 식당 같은 곳에서 시급으로 일하고 있습니다.

이들은 소명과 현실 사이에서 갈등을 겪습니다. 갑자기 사고를 당하거나 질병에 걸리거나 헤쳐나갈 수 없는 어려움에 처했을 때, 또는 가족 중에 예기치 못한 불행을 겪게 되면 하나님이 주신 소명을 감당하지 않아서 벌을 받는 것은 아닌가? 하고 마음고생을 하게 됩니다.

하나님으로부터 부름받아 신학을 공부한 사람이 목회를 거절하고 세상일을 하면 징계의 매를 맞지는 않을까 하는 생각으로 선뜻 다른 직업을 선택하지 못합니다. 과연 하나님은 목회를 하지 않고 다른 직업을 선택한 이들에게 벌을 내리실까요?

신학을 공부하지 않고도 하나님께 쓰임 받은 사람들이 많습니다. 과학자이자 수학자인 파스칼은 "심오한 과학은 하나님께 접근시킨다."라고 주장하며 과학을 통해 하나님의 섭리를 구현코자 했으며 슈바이처는 의술을 통해 그리스도의 사랑을 실천했습니다.

부름을 받았다며 자신에게 주어진 재능을 버리고 신학에 뛰어든 학생이나 사업을 접고 늦깎이 신학을 하는 사람 중 많은 수가 일시적인 충동에 기인하고 있습니다.

그리스도의 제자는 베드로나 바울의 길을 가지 않아도 다양한 분야에서 제각기 자신에게 주어진 달란트에 따라 주를 섬길 길은 항상 열려 있습니다.

"그러나 너희는 택하신 족속이요 왕 같은 제사장들이요 거룩한 나라요,
그의 소유가 된 백성이니 이는 너희를 어두운 데서 불러내어 그의 기이
한 빛에 들어가게 하신 이의 아름다운 덕을 선포하게 하려 하심이라."
(베드로전서 2장 9절)

"그의 아버지 하나님을 위하여 우리를 나라와 제사장으로 삼으신 그에게
영광과 능력이 세세토록 있기를 원하노라. 아멘." (요한계시록 1장 6절)

33

"얘들아, 합심해서 기도하자"

처남은 우리나라에서 가장 큰 교회의 장로입니다. 처남은 신앙이 좋기로 평판이 나 있습니다. 특히 기도에 아주 열심을 내는 모범적인 교인입니다. 매년 연초, 연휴 기간이면 가족을 데리고 기도원에 들어가 온 가족과 함께 금식기도를 합니다. 내용은 하나님께 한 해의 소망을 기원하고 한해 내내 온 가족에게 건강과 물질의 복을 내려달라는 아주 소박한 내용입니다. 그는 매주 금요일이면 교회에 나가 철야기도를 하는 것은 물론이고 자신이 능히 처리할 수 있는 일상적인 문제까지도 기도에 매달리는 기도에 열정적입니다. 교인들은 그런 그를 보고 이 땅의 히스기야라고 말합니다.

오랜만에 다방에서 그를 만났습니다. 처남은 다방 종업원이 놓고 간 물 한잔을 앞에 놓고도 민망할 정도로 오랫동안 기도를 했고 나는 그가 여전히 '기도의 사람'으로 살고 있구나 하는 생각을 했습니다.

처남이 내게 한 이야기는 이렇습니다.

사업을 시작했는데 몇 안 되는 종업원들이 노동조합을 결성하고 경영에 사사건건 간섭을 해서 도무지 사업을 할 수가 없었다는 것입니다. '월급을 올려 달라!' '수당을 지급해라!' '노동시간을 단축해 달라!' 요구사항이 많아서 회사 문을 닫을 수밖에 다른 도리가 없더라는 말과 함께 정말 노동조합 생기면 기업이 망한다는 말이 맞더라고 했습니다.

"결국 폐업을 했겠군요?"

내가 물었습니다.

"아닐세. 기적이 일어났지 뭔가."

그가 자세를 바로잡으며 진지하게 말했습니다.

"그래서 기도를 했다네. 이 원수 마귀를 물리쳐 달라고 하나님께 매달렸지 뭔가."

그가 말하는 줄거리는 하나님이 기도를 들어주어서 노조활동에 앞장섰던 종업원들이 하나둘 떠나기 시작하더니 종래에는 노동조합이 해체되었다는 것입니다. 바로 하나님의 살아계심을 체험했다는 이야기를 장황하게 늘어놓았습니다. 요즘엔 가는 곳마다 그 일을 간증하고 다닌다고 했습니다.

그가 이야기할 때 나는 엉뚱한 생각을 하고 있었습니다.

그가 그 같은 기도를 할 때에 만약 종업원들이 하나님께 '월급을 더 받게 해 달라고, 더 많은 수당을 받게 해 달라고, 쉬는 시간이 더 필요하다'고 기도했다면 하나님의 심정은 어떠했을까? 그러나 내 생각을 그에게 묻지는 않았습니다.

그가 타고 떠날 기차 시간은 아직도 많이 남았고 그는 쉴 새 없이 기도에 관해서 말을 했습니다.

처남의 대책 없고 무모하기 조차한 기도는 예전에도 있었습니다. 어느 날 그가 집을 사고 잔금을 치러야 할 날이 되었는데 막상 돈은 없고 그렇다고 마땅히 융통할 방법도 없었다고 합니다. 그가 믿는 방법은 오로지 기도밖에 없었다고 했습니다. 어쩜 처음부터 그에게 뾰족한 대책이 없었을 수도 있습니다. 평소 행동으로 비춰볼 때 기도가 그에게 유일한 대책이었을 것이라는 생각이 들었습니다.

어느 날 그는 아내와 아이들을 데리고 기도원으로 향했습니다.

"얘들아, 합심해서 기도하자!"

돈의 액수와 돈이 필요한 날짜를 정해놓고, 온 가족이 기도에 매진했습니다. 도란도란 조용히 기도하는 것이 아니라. 하나님이 그때까지 그 돈을 주지 않으면 절대 안 된다는 막무가내식으로 떼를 쓰는 기도였습니다. 처남의 기도 스타일은 중간에 멈추는 법이 없습니다. 확실한 답을 얻을 때까지 줄기차게 계속되는 특징이 있었기에 아버지를 따라 아버지처럼 기도해야 하는 어린 아이들의 고생이 컸을 것이라는 생각이 들었습니다. 그런데 그토록 무모하기 짝이 없는 기도가 놀랍게도 이루어졌습니다. 그가 필요한 수천만 원이나 되는 거액이 제날짜까지 마련되었던 것입니다. 이처럼 기도 이야기는 그의 입을 통해 언제나 간증거리가 되었습니다.

그가 떠날 기차 시간이 다 되어서야 그는 자리에서 일어섰습니다.

"여호와 이레 하나님께서 다 마련해 놓으시고 구하는 자에게 주시는 것을 굳게 믿고, 자네도 열심히 기도하게나."

그가 내 손을 잡고 흔들었습니다.

그런데 기도에 관한 그의 이야기가 내게는 전혀 감동적이거나 신앙적 믿음으로 느껴지지가 않았습니다.

문득, 얼마 전에 신문에서 본 황당한 사건이 생각났습니다. 제주도에서 있었던 일인데 어느 남자가 돈을 버는 대로 복권을 구입하고는 어린 두 딸에게 복권이 당첨될 수 있도록 기도를 하게 했다는 내용입니다. 그는 어린 딸들이 기도에만 몰입해야 한다며 다니던 학교마저 자퇴시키고 온종일 방에 가둔 채 기도만 하게 했는데 구입한 복권이 소액이라도 당첨되지 않을 경우에는 기도를 게을리했다며 두 딸을 수시로 폭행했다는 내용의 기사였습니다.

물론 내 처남은 그런 사이비와는 전혀 다르다고 믿습니다. 그럼에도 불구하고 뒷맛이 씁쓸한 것은 왜일까요?

정말 이 세상에 끝없이 무상으로 대출을 해줘야 하는 하나님, 끝없는 욕망을 채워줘야 하는 하나님, 가끔씩 구하는 자에게 대박을 터뜨려주기도 해야 하는 하나님, 그런 하나님이 정말 있을까요? 어쩌면 내가 믿는 기독교의 신이 그런 분이라고 은연중에 혹은 은밀하게 가르치는 사람들 때문에 생긴 사회적 병리현상이 아닐까요?

"그러므로 염려하여 이르기를 무엇을 먹을까 무엇을 마실까 무엇을 입을까 하지 말라. 이는 다 이방인들이 구하는 것이라 너희 하늘 아버지께서 이 모든 것이 너희에게 있어야 할 줄을 아시느니라. 그런즉 너희는 먼저 그의 나라와 그의 의를 구하라 그리하면 이 모든 것을 너희에게 더하시리라." (마태복음 6장 31절~33절)

34

살해된 꽃 보면 하나님도 눈물 흘리신다

아름다운 것 중에 세 가지만 꼽으라면 하늘에 별과 땅에 꽃과 사람들의 마음속에 지닌 사랑이라고 합니다. 그래서 별과 꽃과 사랑은 많은 시의 주제가 됩니다.

별과 사랑이 아름다운 상상력을 갖게 하는 것이라면 꽃은 그 빛깔과 향기를 느낄 수 있을 뿐 아니라 부드러움을 만져 볼 수 있는 감각적 사물이라는 데서 더욱 가깝게 느껴지는 것은 말할 나위가 없습니다.

꽃은 사람의 상한 마음을 치유하고 생명에 대한 애정을 불러일으킵니다. 그래서 모든 축하의 자리에는 꽃으로 분위기를 단장합니다. 또한 장례식과 같은 비애가 구석까지 배인 무거운 분위기에서도 조화(弔花)로 사용되는 흰 국화는 유족의 슬픔을 덜어주는 역할을 합니다.

우리 주변에서 가장 흔히 볼 수 있는 모든 꽃은 세상을 밝히는 등불인 셈입니다. 장미나 카네이션, 백합처럼 꽃가게에서 볼 수 있는 사람이 가꾼 꽃이 있는가 하면 들꽃처럼 하나님이 직접 가꾸는 꽃들이 있습니다.

하나님이 직접 가꾸는 꽃은 험산준령은 말할 것도 없고 눈밭이나 사막이나 심지어는 바닷속에도 피어 지구를 더욱 풍요롭고 아름답게 만듭니다. 사계절 피는 꽃의 종류만도 수천 종에 이르고 있으니 어찌 보면 사람의 일생이 꽃 속에 파묻혀 사는 것이라고 해도 과언이 아닐 것입니다.

어느 꽃 하나하나 하나님이 창조하고 키우지 않는 것이 없으니 사람이 꽃을 보고 좋아하듯 하나님도 꽃을 보고 좋아하실 것이라는 생각이 듭니다. 사람이 꽃에 코를 가까이하고 향기 맡기를 좋아하듯 하나님도 바람 날개로 일일이 꽃을 매만지시며 꽃의 향기를 즐기실 것이라는 마음이 듭니다.

정원사가 정성을 다해 가꾸어 놓은 아름다운 꽃밭에 함부로 들어가 마구 꽃을 꺾는 사람이 있다면 우리는 눈살을 찌푸리게 됩니다. 만약 하나님이 정성을 들어 아름다운 꽃을 가꾸었는데 누군가 그곳에 함부로 들어가 꽃을 꺾는다면 하나님도 눈살을 찌푸리실 것입니다. 꽃이 피는 곳이면 들판이나 개울가나 어디를 막론하고 하나님의 정원입니다. 하나님은 자신의 정원에 핀 꽃이 제 수명을 다하기를 원하십니다. 꽃들이 제 수명을 다해서 세상을 아름답게 밝혀주길 원하십니다. 야산의 들꽃 한 그루 한 그루, 개울가의 창포 한 포기 한 포기, 물 위의 수련 한 송이 한 송이를 하나님은 귀히 여기시며 키우시는 것을 보면 꽃에 대한 하나님의 마음을 알 수 있습니다.

사람들에게 나무 한 그루, 꽃 한 송이가 별개 아니지만 하나님은 나무 한 그루, 꽃 한 송이를 우주와 똑같은 무게로 아끼시고 사랑하십니다. 그것이 곧 생명을 사랑하시는 자신의 본성이기 때문입니다.

꽃에 대한 하나님의 심정을 안다면 함부로 꽃을 꺾을 일이 아닙니다. 꽃을 좋아하며 꽃을 사랑한다며 꽃을 꺾는 행위는 생각이 깊지 않은 행동입니다. 꽃은 제 자리에서 제 수명을 다할 때가 아름답습니다. 살해당한 꽃, 꽃의 주검 앞에서 기뻐하는 것은 생각이 부족한 사람입니다. 그런 사람은 차라리 꽃의 사체를 담아놓은 값진 소반의 가치를 생각하는 편이 옳을 것입니다.

대부분의 교회는 강대상을 꽃으로 장식합니다. 나는 꽃꽂이에 들어가는 낭비되는 돈을 말하려는 것이 아니고 꽃의 생명에 대해 말하려는 것입니다. 꽃의 아픔에 대해 말하려는 것입니다. 그리고 그렇게 살해된 꽃으로 '하나님께 영광 돌린다'는 어리석은 소리가 얼마나 가증스러운 것인가를 말하려는 것입니다. 그 같은 행동은 하나님의 생명사랑에 정면으로 도전하는 행위라는 것을 말하려는 것입니다.

식물이 꺾일 때 고통을 느낀다는 것은 이미 과학적으로 증명된 사실입니다. 독일의 막스프랑크 연구소에서 콩과류 식물을 가지고 실험한 결과 식물의 단절된 부분에서 사람이 몸을 상했을 때와 흡사한 고통 호르몬이 배출된다는 사실을 밝혀낸 일이 있습니다.

꽃도 눈물이 있습니다. 꽃들도 아픔을 느낍니다. 사람들이 꽃을 꺾을 땐 까무러칠 만큼 큰 고통을 꽃은 느낍니다.

함부로 꽃을 꺾지 맙시다. 고통받는 꽃 보면 하나님도 우십니다.

하나님의 뜻은 개울가의 창포가 제 수명을 다하도록 피어 하늘과 개울을 벗 삼아 일생을 아름답게 마치기를 바라는 것입니다.

교회 강대상에 꽃꽂이로 피 흘리고 있는 꽃의 절규를 들으며 영광을 받으실 하나님은 안 계십니다. 꽃으로 단장하지 않아도 아름다운 교회, 풀꽃 하나까지 생명을 소중하게 여기는 교회를 하나님은 원하십니다.

　　교회당
　　강단 위의 실신한 꽃송이들,
　　단두된 꽃들은 일요일이면 고통을 당한다.

　　개울가의 창포,
　　들판의 소국,
　　갯가의 갈대,
　　죄 없는 꽃들은 예수마냥 끌려와
　　피를 흘리며 신음한다.

　　누가 꽃의 죽음을 환호하는가.
　　꽃은 꽃대로
　　사람은 사람대로
　　제 주어진 삶을 살면 그만인데
　　꽃은 까닭 없이 살육당해 수반에 꽂혀있다.

　　이 화려한 주검 앞에서
　　서로 사랑하라는 설교를 듣는
　　일요일 아침.

– 김상현의 시 「殺害되는 꽃」 전문

"하나님께서 이르시되 땅은 풀과 씨 맺는 채소와 각기 종류대로 씨 가진
열매 맺는 나무를 내라 하시니 그대로 되어 땅이 풀과 각기 종류대로 씨

맺는 채소와 각기 종류대로 씨 가진 열매 맺는 나무를 내니 하나님이 보
시기에 좋았더라." (창세기 1장 11절~12절)

맺는 채소와 각기 종류대로 씨 가진 열매 맺는 나무를 내니 하나님이 보
시기에 좋았더라." (창세기 1장 11절~12절)

35

"권사님! 혹 이상한 교파 아니세요?"

나는 오랫동안 일 년에 한 달은 일체의 육식을 하지 않습니다. 1년 중 6월 한 달을 채식하는 달로 정한 것입니다. 6월로 정한 것은 단지 기억하기 쉽도록 하기 위함인데 나는 6월을 고기를 먹지 않는다는 뜻으로 금육월(禁肉月)이라고 부릅니다.

나 스스로 금육월을 만들고 오랫동안 실천해 온 것을 한 번도 내세워 보거나 대견한 일이라고 생각해 본 적은 없습니다. 이 같은 일은 내 개인의 생각과 결심을 행동에 옮기는 하찮은 일일 뿐입니다.

이 일이 이토록 오랫동안 이어줄 줄은 나도 몰랐습니다. 한 해, 두 해 실천해 오다 보니 그것이 내 삶에 규범처럼 되었고 또 나 스스로 만든 약속을 깨뜨리지 않으려고 오기를 부리다 보니 올해로 20년을 넘기게 되었습니다. 아마 내 고집스런 성격으로 보아 남은 생애도 금육월이 지켜질 것이라는 예감이 듭니다.

금육월이 되면 가장 불편해하는 사람이 아내입니다. 처음 몇 해는 가장인 나 때문에 온 가족이 덩달아 6월 한 달 동안은 고기를 안 먹더니 언제부터인지 가족들은 나의 행동과는 아랑곳하지 않고 고기를 먹기 시작했습니다. 나의 일탈된 행동이 못마땅하다는 가족의 투덜거림이 오히려 내가 가족에 대한 미안함을 덜 수 있어서 안도감이 들었습니다.

그런데도 아내는 마음이 불편한지 "이젠 제발 그런 웃기는 짓은 그만두라"고 볼멘소리를 하며 한마디로 '웃기는 남자'와 사는 것이 여간 힘들지 않다고 말합니다.

아내는 내가 쓸데없는 고집과 싸우는 것이라고 하지만 내 속을 모르는 소리입니다. 나의 이 같은 행동에는 나름대로 철학이 있습니다. 생명에 대한 깊은 성찰이 담겨 있으며 사유의 실천행위인 금육월은 나로 생명에 대한 새로운 인식을 확장시킵니다.

현대인의 생활 속에는 알게 모르게 생명을 찬탈한 결과로 누리는 혜택(?)이 있습니다. 그중에서 대표적인 것이 동물의 표피, 즉 가죽을 이용한 제품들입니다. 예컨대 구두나 허리띠는 부드러운 송아지 가죽으로 만듭니다. 그런데 우리는 구두를 신으면서 우리의 발을 감싸주기 위해 가죽을 내어준 어린 송아지를 생각하지 못합니다. 우리는 생명을 내어준 순한 눈빛의 어린 송아지에 감사하는 마음을 가져본 적이 없습니다. 생명이 단절되는 순간의 송아지가 감내했을 무서움과 절규를 생각하지 않습니다. 단지 반짝반짝 잘 닦인 구두를 뽐내며 거리를 활보하면서 내 발을 편케 해 준 어린 송아지를 잊고 살고 있습니다. 이것이 인간의 무정함이며 오만입니다.

동물의 생명을 빼앗아 얻은 혜택이 어디 구두뿐이겠습니까? 대부분의 허리띠가 가죽제품이며 대부분의 가방이 가죽제품입니다. 가죽 재킷과 값비싼 모피코트가 인간이 생명을 해치고 얻은 노획물입니다.

생명보다 지고한 것이 무엇이겠습니까? 그것이 축생이라 할지라도 생명을 잃는다는 것은 정말 슬픈 일입니다. 내가 금육월을 고집하는 것도 내용을 들여다 보면 1년 중 한 달만이라도 우리에게 생명을 내어 준 축생을 생각하며 그들에게 미안한 마음을 가져보려는 마음에서입니다.

6월 어느 날, 신앙심이 깊은 어느 분으로부터 식사 초대를 받았습니다. 내가 한사코 육식을 사양했더니 대뜸 그가 내게 묻습니다.

"권사님은 혹시 이상한 교파 아니세요?"

그가 내 등을 쇠고기 식당으로 떠밀며 말을 합니다.

"모든 음식은 하나님이 허락하신 식물인데 가리면 신앙심이 부족한 것이지요."

나는 황급히 그에게 말했다.

"신앙 때문이 아니고요. 제가 시인이라서 그렇습니다."

결국 그와 나는 채식 전문 음식점에 들러 식사를 했는데 그가 내게 다시 물었습니다.

"시인들은 고기를 안 먹나요.?"

이해가 되지 않는다며 그가 고개를 갸우뚱거렸다. 나는 그에게 내 생각을 설명해 주었지만 같이 살고 있는 아내도 이해 못 하는 나를, 하물며 그가 이해해 줄 것으로 믿지는 않았습니다.

정말 평생을 채식을 했으면 좋겠지만 아직 나는 거기까지는 미치지 못했습니다. 1년 중 열한 달은 입맛의 지배를 받고 살고 있으니 아직은 많이 부족한 사람입니다.

시인으로서 먹거리를 통한 생명에 대한 갈등이 아주 오래전부터 내 속에 잠재되어 있었다는 것을 아래의 시를 보면 독자는 어느 정도

짐작할 수 있을 것입니다.

어느 날 내가

살아 있는 모든 것을

사랑한다고

시를 썼더니

아내가 읽어 보고는 혼잣말로

땡중 같은 소릴 하고 있네

산낙지만 잘 먹으면서

하더라

입맛 다르고 마음 다른

부정직한 마음 한가운데에

화살처럼 날아와 박히는

그 말.

– 김상현의 시 「正鵠」 전문

"육체의 생명은 피에 있음이라. 내가 이 피를 너희에게 주어 제단에 뿌려 너희의 생명을 위하여 속죄하게 하였나니 생명이 피에 있으므로 피가 죄를 속하느니라." (레위기 17장 11절)

"모든 생물은 그 피가 생명과 일체라. 그러므로 내가 이스라엘 자손에게 이르기를 너희는 어떤 육체의 피든지 먹지 말라 하였나니 모든 육체의 생명은 그것의 피인즉 그 피를 먹는 모든 자는 끊어지리라." (레위기 17장 14절)

36

"하나님의 영광을 위해 합격시켜 주세요"

대학수학능력고사만큼 국민적 관심사를 갖게 하는 시험은 없을 것입니다. 시험일이 되면 수험생이나 학부형은 말할 것도 없고 주변의 사람들까지 긴장을 하게 됩니다. 수험생이 시험장에 가는 데 지장을 주지 않도록 모든 관공서의 출근시간이 뒤로 늦추어지고 경찰차나 119구급차가 늑장 수험생 수송을 위해 대기하기도 합니다. 고사 중 듣기평가 시간에는 모든 공항의 비행기 이착륙이 금지되고 고사장 주변에서는 모든 차량의 경적을 금지하기도 합니다. 수능일에는 평소보다 날씨가 추워지는 경우가 많았는데, 자녀들의 시험을 지켜보는 수험장 교문 밖의 학부모들에게는 추위보다 조바심이 몸을 더욱 움츠러들게 합니다. 아마 지구상에서 대한민국이 아니고는 이런 광경을 어느 곳에서고 찾아보기란 어려울 것입니다.

우리나라에서는 인성교육보다 대학입시교육이 교육의 목표가 된 것이 이미 오래전의 일이고 보면 이해가 되기도 합니다. 예전에는 고등학교 시절에 대학입시를 준비했지만 요즘에는 더욱 낮아져 초등학교 때부터 이른바 일류대학을 목표로 하여 공부에만 올인하는 형국

이 되었습니다. 다소 성급한 젊은 부부는 아기들이 옹알이할 때 대학
입시를 준비하는 것은 늦다며 일류대학을 목표로 태교를 한다는 소
문까지 들립니다.

그 이유는 간단합니다. 대한민국에서 대학의 진로는 평생의 운명
을 결정하는 아주 중요한 일이 되기 때문입니다. 특히 서울에 있는
몇 개의 대학을 열망하는 일류병은 우리가 살아온 경험에 의해서 생
긴 아주 현실적인 결과물입니다. 쉽게 말하자면 서울대를 나오면 별
로 노력하지 않아도 자연스럽게 지배계층의 주류사회에 진입할 수
있기 때문입니다. 그래서 요즘 효도라는 개념은 대학수학능력시험
결과와 무관하지 않다는 말을 합니다. 수능결과가 1등급이면 1등급
효도며 9등급이면 9등급 수준의 효도로 평가된다고 합니다.

대구 팔공산의 사찰에는 머리에 갓 모양의 돌을 이고 있는 돌부처
상이 있습니다. 원래는 비바람에 돌부처의 얼굴을 보호하려고 갓 모
양의 돌을 석두 위에 올린 것이라고 하는데 언제부턴가 관을 쓴 이
돌부처에 빌면 관직을 얻기 위한 고시나 회사입사시험, 대학진학시
험에 효험이 있다는 소문으로 팔공산 돌부처는 유명해졌습니다. 특
히 대학 수능일을 앞두고는 전국에서 몰려든 사람들로 좁은 등산로
는 인산인해를 이루어 수 킬로에 달해 앞사람이 발을 옮겨야 겨우 발
을 내디딜 수 있습니다. 속칭 갓바위 주변은 향불 피우는 냄새가 숨
을 못 쉴 정도이며 등산로의 나무들이 수난을 당하기도 합니다. 이런
모습을 보고 있는 불가의 스님들도 고개를 내젓습니다.

재미있는 이야기 한 토막이 있습니다. 갓바위를 찾은 어떤 사람
이 노스님에게 자신의 자녀를 위해 한 말씀만 해달라고 졸라대자 노

스님이 뒷짐을 진 채로 먼 산을 바라보며 "심조불산하여 호보연자하라!" 무슨 말인지 전혀 알아들을 수 없는 이 사람이 노스님께 "스님! 어디에 나오는 말씀입니까?"하고 묻자 노스님이 서슴없이 "시산경에서 있는 말씀이네."라고 말했다고 합니다. 이 사람은 스님에게 몇 번이나 감사의 인사를 하고 떠났는데, 사실은 향불 피우다 산을 태울까 걱정이 되어 '경산시'에서 앞산에 내다 세운 '산불조심, 자연보호'라는 입간판의 글자를 노스님이 거꾸로 읽었다는 이야기이다. 이 이야기에서 중생의 어리석음을 보여주는 해학을 엿볼 수 있습니다.

그런데 이런 병리현상은 교회 안에서도 쉽게 찾아볼 수 있습니다. 바로 수험생을 위한 금식기도, 철야기도, 40일 작정기도와 같은 것인데 문제는 기도의 내용입니다.

교역자나 학부모 모두 한결같이 자녀가 높은 수능점수를 받아 목표로 하는 대학을 진학할 수 있도록 해달라는 기도를 합니다. 울고불고 매달리는 기도 모습은 처절하다 못해 측은해 보이기까지 합니다.

하나님의 영광을 위해 합격시켜달라며 하나님께 책임을 전가하는 일이 비일비재합니다. 그렇게 수험광풍이 교회를 휩쓸고 지나가고 나면 교회는 패닉상태에 빠지게 됩니다. 자녀가 수능을 잘 치러 대학 진학이 무난한 교인들은 감사의 연보를 내고 기도의 효능에 대해 간증을 하기도 하지만 수능을 망쳐버린 자녀를 둔 교인들은 시험에 빠지게 됩니다. 그들은 자신의 기도가 부족했거나 자신의 믿음이 부족한 탓이라며 자책을 하게 됩니다. 이들은 교인들 보기가 송구스럽다며 교회를 떠나기도 합니다. 내가 다니던 교회에서는 하나님의 영광을 드러냈다며 서울대에 진학한 학생에게 교회제정에서 입학축의금과 장학금을 주기도 했습니다.

수능을 잘 봤느냐 그렇지 못하느냐는 평소에 공부를 열심했는가 그렇지 않았는가 하는 것과 밀접한 연관성이 있는 것이지 기도한다고 해서 하나님이 엿가락을 붙이거나 때는 엿장수처럼 평소에 쌓인 내공이 없는데 도깨비방망이 같은 결과를 만들어 주시지는 않습니다.

이 정도는 교역자들도 잘 알 터인데 아마도 수험생을 둔 교인들이 원하기 때문에 너나 할 것 없이 교회들이 수능절기(?)를 지키는 것 같습니다. 교회는 오히려 수능을 잘못 치른 꼴찌의 편에 서서 위로하고 새 힘을 빌어줘야 합니다.

이제는 샤머니즘 신앙형태를 과감히 내던지고 교회가 교회답게 변해야 합니다. 물론 수험생을 위한 기도가 필요합니다. 시험에 임하는 수험생이 평소의 실력을 유감없이 발휘할 수 있도록 안정된 마음을 주시고 혹 시험을 잘 못 치르더라도 절망하지 말고 제기할 수 있는 용기를 주시도록 기도하는 것이 기도다운 기도입니다. 주변사람들의 이런 기도는 수험장에 나가는 수험생에게 큰 힘이 되며 하나님의 뜻에 부합된 기도가 됩니다.

"누가 철학과 헛된 속임수로 너희를 사로잡을까 주의하라. 이것은 사람의 정통과 세상의 초등학문을 따름이요 그리스도를 따름이 아니니라."
(골로새서 2장 8절)

37

교회 가면 집사, 절에 가면 처사

내 친구 중에 장로교 안수집사가 있습니다. 그는 규모가 큰 교회에 출석하고 있는데 그 교회에서 매년 전도왕으로 뽑힐 정도로 유명한 친구입니다. 그에게 특별히 사교성이 있는 것도 아니고 그렇다고 붙임성이 좋아서 많은 사람을 사귀는 것도 아닙니다. 그가 하는 일은 온종일 연구실에서 실험을 하거나 논문을 쓰는 일로 허구한 날 온종일 방에 틀어박혀 일만 하는 전형적인 과학자입니다.

그런데도 그가 다니는 교회에서 전도왕이 된 것은 그가 하는 일과 무관하지 않습니다. 그에게 연구 프로젝트 일로 찾아오는 외국 과학자가 많습니다. 사교성이 없는 그가 외국인들에게 보이는 호의는 유별나다 못해 무례하게 느껴지기까지 합니다. 그는 국적과 인종과 종교와 상관없이 그들에게 함께 교회에 가자고 강권하고 그들은 그의 권유를 뿌리치지 못합니다.

상대가 싫은 기색을 해도 막무가내로 교회로 데리고 옵니다. 상대가 회교도이건 힌두교도이건 그에게 문제가 되지 않습니다. 처음 한국에 온 외국인이라면 어리둥절한 채로 끌려서 교회에 나오게 되는 것이지요.

이들이 무슨 생각을 하건 그는 상관하지 않고 예배가 끝나기를 기다려서 교회 목사에게 데리고 가서 기필코 축복기도를 받게 합니다. 그런 그가 극성스럽게 보여도 교회에서 볼 때는 자랑스러운 교인입니다. 그의 지나친 행동에 대해 내가 핀잔을 주자 그가 씩 웃으면서 "그 사람들 갈 곳도 없는데 교회구경 시켜주면 좋지 뭐"하고 지나칩니다.

그의 말처럼 한국말을 알아들을 수 없는 외국인에게 한국교회는 구경거리임에 틀림없습니다. 교회당에 앉아 있는 시간에도 회교도라면 알라신을, 힌두교도라면 머릿속에 브라흐만이나 쉬바신을 생각할 것입니다. 물론 외국인이 기독교인이라면 언어가 통하지 않더라도 느낌으로 진실한 예배를 드릴 수 있겠지만 이교도에게 누가 나서서 살아계신 여호와 신과 그의 아들 예수의 죽음과 부활의 의미를 설명할 수 있겠습니까? 결국 그것은 외국어를 잘하는 내 친구의 몫일 수밖에 없습니다.

그런데 안수집사 내 친구의 믿음은 다릅니다. 모든 종교는 종국에는 같다는 종교다원주의입니다. 그가 내세에 관해 말한 것을 들어 본 적은 없지만 그의 말에 따르면 불교건, 힌두교건, 기독교건 착하게 살라는 뜻이며 무슨 종교를 믿든 행복하면 된다는 것입니다. 그 말은 누가 들어도 수긍이 되는 보편적 진리임에는 틀림없지만 기독교적 신앙관으로서는 많이 벗어난 말이 분명합니다.

종종 그는 법당이나 암자의 스님들이 필요한 생필품을 사들고 절에 찾아가기도 하는데 그런 그에게 절에서 불교 신도증을 내주었습니다. 그는 법당에 들어가 곁눈으로 배운 절을 부처께 하는가 하면 절간 경내에서 만나는 사람에게 합장으로 인사를 합니다. 누가 봐도 독실한 불자로 보입니다. 그런 그를 스님들은 처사님이라고 불렀습니다. 쉽게 말하면 주일날 교회에 가면 집사님이 되지만 절에 가면 처사님이 되었던 것입니다.

어느 날 교회 권사인 그의 부인이 그가 지니고 다니던 불교 신도증을 찢어 버렸는데, 그는 다시 신도증을 만들기 위해 생필품을 사들고 암자를 찾아갔는데, 그만 주지스님 앞에서 자랑삼아서 자신이 교회 안수집사며, 전도왕이라고 말한 것이 화근이 되어 결국 호통을 맞고 쫓겨난 적이 있습니다.

내가 그런 그를 향해 "여보게 자넨 잡살세."라고 뼈있는 우스갯소릴 하자 열심히 부인을 따라 교회를 다니다 보니 안수집사가 되었노라고 그가 티 없이 정직한 고백을 합니다. 어디 내 친구뿐이겠습니까. 많은 기독교인이 비슷한 생각을 하고 있습니다. 기독교인 중에는 무당을 찾아 점(占)을 보려 다니는 사람들도 적지 않습니다.

기독교인 중에는 이교도들을 '잡아먹힐 짐승'이라든지 '지옥의 땔감'이라 말하며 공격적인 태도를 취함으로써 오히려 저들의 귀를 막아 복음을 들을 수 없게 하는 이른바 기독교 근본주의자들이 없는 것은 아니지만 그렇다고 기독교인이 기독교 최고 가치인 인간구원과 관계된 예수의 죽음에 관해 말하지 않는다면 형식적인 교인에 불과하지 않겠는지요.

전도는 말 그대로 예수의 도를 전하는 것인데 마치 어린아이들이 동네꼬맹이들을 데리고 나오면 게시판의 포도송이에 색종이를 붙여 주는 것처럼 교회에 데리고 나와 잠시 앉아있다 돌아가는 것은 전도가 아닙니다.

예수가 하나님의 아들이며 그의 죽음은 인류를 죄로부터 구원하기 위한 속죄물이며 그를 믿음으로 영생할 수 있다는 복음이 전해지지 않고는 아무런 의미가 없습니다.

내 친구를 따라 교회에 온 외국인들은 돌아가서 한국의 종교에 대해 그가 구경한 대로 말을 할 것입니다. 오케스트라와 매머드급 합창단과 떠들썩한 기도소리와 목이 터져라 외쳐대는 목사의 설교와 교회당 입구에 있는 헌금통에 관해 나름대로 설명할 것입니다. 그것이 자신이 체험한 기독교라고 말할 것입니다.

전도를 하려면 먼저 자기 자신이 오직 그리스도를 통한 구원에 대한 확신이 있어야 합니다. 사람들에게 인간구원에 관한 하나님의 사랑을 설득력 있게 말할 수 있는 성경 지식이 있으면 더욱 효과적일 것입니다. 외국어 실력이 뛰어난 내 친구에게 믿음이 있다면 정말 전도왕이 될 수도 있을 것입니다. 그런 믿음이 있다면 범신론적 사고에서 벗어나 오직 여호와 하나님만을 섬기는 집사의 직분을 잘할 것이라는 생각이 들었습니다.

"하나님이 세상을 이처럼 사랑하사 독생자를 주셨으니 이는 그를 믿는 자마다 멸망치 않고 영생을 얻게 하려 하심이라." (요한복음 3장 16절)

"그러나 너희는 택하신 족속이요 왕 같은 제사장들이요 거룩한 나라요 그의 소유가 된 백성이니 이는 너희를 어두운 데서 불러내어 그의 기이한 빛에 들어가게 하신 이의 아름다운 덕을 선포하게 하려 하심이라." (베드로전서 2장 9절)

38

"집사님, 교회 참기름 좀 사주세요"

얼마 전에 뉴질랜드를 여행한 적이 있습니다. 저녁 TV방송은 방송 사이사이 어느 목사를 선전하는 광고영상을 간간이 내보내고 있었습니다. 목사 개인을 선전하는 광고도 낯설지만 그 내용이 쉽게 납득할 수 없는 것이었습니다. 자신의 소원을 편지로 적어 목사에게 보내면 목사가 기도를 해준다는 내용인데 목사의 권능이 대단해서 편지에 적힌 모든 소원을 이룰 수 있다는 것이었습니다. 더 황당한 것은 전국 각지에서 쇄도한 편지가 많아 수천 통을 다발로 묶어 놓고 그 위에 손을 올리고 기도하면 수 천통의 편지내용의 소원들이 일순간에 모두 이루어진다는 내용과 그 같은 모습이 동영상으로 광고되고 있었습니다.

그곳에 자리 잡고 사는 한국인 장로님에게 이 황당한 목사의 광고방송을 말했더니 그가 하는 말인즉 뉴질랜드의 교회는 텅텅 비어 있다는 것입니다. 병을 고치거나 소원을 이뤄준다는 목사가 강사로 초빙되어야만 사람들이 교회에 나온다고 합니다.

사람들이 병을 고치거나 소원을 이루기 위해 나오는 교회는 한국의 무당집과 다를 바 없다는 생각에서 지구의 남단, 살기 좋은 땅으로 이름난 나라의 교인들 수준이 형편이 없게 느껴졌습니다.

최근에 미국에서 출시된 '신성한 생수(spiritual water)' 브랜드에는 예수의 모습과 십자가가 그려져 있으며 찬송가 가사 등이 담겨 있습니다. 그리고 "이 물은 집중력을 높여주고 하나님과 자신을 믿게 도와준다."는 문구로 사람들을 유혹합니다. 또 가톨릭 신부가 기도로 축복을 불어넣었다는 '성수(holy water)'가 슈퍼마켓에 등장했다고 합니다. 서구에서는 가시관을 쓴 예수가 맥주 선전으로 등장하고 있다고 하는데 인류를 죄에서 구원하기 위한 그리스도인 예수를 팔아 상품의 구매력을 높이고자 하는 이런 이야기들을 들으면 기독교인인 나로서는 기분이 좋지 않습니다.

이러한 현상은 기독교가 세속화되는 데서 나타나는 결과입니다.

기독교 목사가 예수를 팔아 제 잇속을 챙기는 것이나 생수나 술장사가 예수를 팔아 제 잇속을 챙기는 것은 전혀 다르지 않습니다. 오히려 목사가 더 가증합니다.

예수님 때에도 성전에서 돈 바꿔주는 환전상과 비둘기와 같은 제물을 파는 장사꾼들이 있었습니다. 예수께서 그들의 좌판을 뒤엎으며 "기도하는 집을 너희가 강도의 굴혈을 만들었다"고 탄식하신 바 있습니다.

오늘날 교회 안에서 교인들 간에 돈놀이를 하는 사람은 흔치 않지만 장사하는 사람들은 많아졌습니다.

무슨 바자회니, 누구를 돕기 위한 일일찻집이니 하는 것들이 교회를 어지럽힙니다. 주일예배가 끝나면 교회는 벼룩시장으로 변하는 곳도 있습니다. 어느 교회는 교회요람에 자기 교인들이 하는 영업소를 소개하고 꼭 교인들 집에서만 물건을 사주도록 광고도 합니다. 자기들 끼리끼리 물건 팔고 사주기를 하면 불신자 장사꾼이 예수를 믿겠습니까? 참으로 생각이 부족한 사람들입니다.

친구를 따라 어느 술집에를 갔습니다.

맥주를 선전하는 요염한 포스터 옆에 유리를 낀 고급스런 액자가 걸려 있었습니다. 그 액자에는 "처음은 미약하나 나중은 창대하리라."는 성경 구절이 있고 액자를 기증한 교회 이름이 큼지막하게 적혀 있었습니다. 친구가 내게 물어봤습니다.

"아니, 성경책에 저런 말이 있냐?"

내가 고개를 끄덕이자 그가 웃으면서 말했습니다.

"지금은 우리만 있지만 조금 있어봐 사람들이 몰려올 테니까….."

개업하는 술집에 그런 액자를 사들고 심방 오는 사람은 없을 것이고 아마도 기독교 신자가 아닌 누군가가 사업번창을 빌어주는 문구로는 안성맞춤이라는 생각이 들어서 선물했거나 술집주인이 사업번영을 위해 사다 걸었을 수도 있겠지만 하나님의 말씀이 시궁창에 짓밟히는 것만 같아 기분이 좋지 않았던 기억이 있습니다. 이 성경 구절은 교인이 개업을 하면 곧장 목사들도 사들고 가는 선물로서 성구 액자를 파는 가게에 가면 흔하게 볼 수 있습니다.

아내가 교회에서 사온 참기름은 교회와 자매결연한 농촌교회 교인들이 직접 농사지은 것이라고 했습니다. 계절에 따라 미역, 김, 콩 등을 사주어야 했습니다. 그런데 그 같은 우리 농산물 사주기가 농촌교회 교인들을 위한 것인지 아니면 교회와 관련이 있는 중간상을 위한 것인지는 잘 모르겠습니다.

　교회는 성도의 교제와 예배와 간구와 말씀을 배우는 것으로 족합니다. 교회가 세속화되면 교역자도 교인도 모두 세속화되고 만다는 것을 명심해야 합니다.

"그들이 예루살렘에 들어가니라. 예수께서 성전에 들어가사 성전 안에서 매매하는 자들을 내쫓으시며 돈 바꾸는 자들의 상과 비둘기파는 자들의 의자를 둘러엎으시며 아무나 물건을 가지고 성전 안으로 지나다님을 허락하지 아니하시고 이에 가르쳐 이르시되 기록된바 내 집은 만민의 기도하는 집이라 칭함을 받으리라고 하지 아니하였느냐 너희는 강도의 소굴을 만들었도다 하시매" (마가복음 11장 15절~17절)

39

솔리스트 빌려오는 성가경연대회

사람의 귀로 들을 수 있는 주파수는 200Hz~20,000Hz 범위 내이며, 말이나 개와 같은 동물들은 200Hz 미만의 초음파도 들을 수 있다고 합니다. 그럼 하나님의 귀는 얼마나 들을 수 있을까요? 하나님의 귀도 8음계에 익숙해 있을까요? 화성학적으로 하나님도 사람처럼 화음을 중요하게 여기실까요?

식물들은 진동 주파수가 아니고 호르몬으로 서로 교감을 한다고 하는데 혹시 하나님께서는 전혀 다른 방법으로 교감을 하시지는 않으실까요? 이런 질문은 끝이 없습니다. 아무튼 하나님이 소리를 포함해서 세상에 존재하는 모든 것을 만드셨다는 것을 믿고 그냥 사람인 우리는 우리 방식으로 말하고 들을 수밖에는 없지요.

성가는 예배에서 매우 중요합니다. 성가대는 현대교회에서 설교에 못지않게 영향력을 가지고 있습니다. "시와 찬미와 신령한 노래들로 서로 화답하며 너희의 마음으로 주께 노래하며 찬송하며"(에배소서 5장 19절), "우리가 예수로 말미암아 항상 찬미의 제사를 하나님께 드리자."(히브리서 13장 15절) 외에도 성경에는 무수히 많게 예배의 중심이 찬양임을 말하고 있습니다.

성경에 나오는 찬양, 찬미 또는 신령한 노래의 진정한 의미는 사람의 마음에서 진실되게 우러나오는 하나님에 대한 경배와 감사를 뜻함인데 현대교회는 단지 음악성만을 강조하는 것 같습니다. 즉 화성학적 화음과 발성학적 테크닉을 매우 중요하게 생각하고 있습니다. 그래서 성악을 전공한 젊은이들은 교회에서 상당한 대접을 받기도 합니다.

교회는 갈수록 성가대에 많은 공을 들입니다. 웬만큼 큰 교회는 효과음이 좋은 전자오르간과 피아노와 관현악오케스트라가 매 주일 예배 때에 성가대와 협연을 합니다.

물론 개척교회와 같은 작은 교회는 풍금을 칠 수 있을 정도의 인재(?)도 없어 싸구려 반주기로 찬송가를 부르지만 큰 교회는 음악을 전공한 교인들이 넘치고 성가대도 웬만한 합창단보다 규모가 큽니다.

교회는 주일예배 외에 절기 때마다 별도로 마련한 음악 이벤트를 갖기도 하는데 연중 가장 큰 행사는 역시 부활절과 성탄절을 위해 준비한 특별한 칸타타 합창입니다. 교회는 칸타타를 위해 많은 시간을 연습하며 성가대원들 간에 친목을 다지기도 합니다.

그런데 말도 안 되는 웃기는 일이 있습니다. 교회끼리 노래실력을 겨누어 보는 이른바 성가경연대회인데 큰 교회는 대부분 이런 유의 성가경연대회에 출전을 하게 됩니다.

신앙적으로 생각해 보십시오! 어떻게 하나님을 찬양하는 일로 경연할 수 있겠습니까. 웃기는 일입니다. 하나님이 음계를 외우시고 음정과 박자를 채점이라도 하시면서 음악적으로 잘 부르는 성가대의 찬양을 칭찬하시거나 그런 노래만을 흠향(歆饗)하실까요?

왜 성가경연대회는 성황을 이룰까요? 답은 간단합니다. "우리 교회도 큰 교회입니다."고 세를 과시하기 위한 당회장 목사의 공명심도 한몫을 합니다. 사례금을 받는 성가대 지휘자가 이런 교회의 의중을 알고도 출전하지 않기란 매우 어렵습니다.

이런 기회에 성가경연대회에 성가대 지휘자를 헌팅하기 위해서 오는 교회임직원도 있다고 합니다. 어떤 지휘자는 실력을 인정받아서 대우가 보다 좋은 교회로 옮기는 기회를 얻기도 하고, 결과가 좋지 않으면 받던 대우도 깎기는 일이 있다고 합니다. 그래서 생기게 되는 일이 자기 교회와는 관련이 없는 솔리스트를 빌려오는 것입니다. 일당을 주고 빌려오는 솔리스트들은 자신이 출연하는 성가대 경연 순서가 끝나기가 무섭게 그 자리를 떠나고 맙니다. 성가대 멤버들도 경연장에 나타난 새로운 얼굴을 보고 놀라지 않습니다. 그저 그런 것이겠지 생각하며 서로 눈인사도 나누지 않습니다. 교회는 이런 외부인을 자신의 교인인 양 공공연히 거짓을 보입니다. 그런 일을 아무도 부끄러워하지 않습니다.

성가경연대회에 출전한 성가대들은 프로 합창단 못지않은 실력을 보이고 이처럼 수준 높은 성가대는 분명 사람의 귀를 즐겁게 합니다. 그러나 하나님의 귀도 즐겁게 할는지는 잘 모르겠습니다. 하나님의 귀가 사람과 같다면 음치의 찬양은 어떤 의미를 가지며 선천적 정박아나 장애인의 찬양은 하나님의 귀에 어떻게 들리는 것일까요?

찬양을 받으실 주체가 하나님인데 찬양을 사람들이 받는 일은 비일비재합니다. 성가준비를 위한 모임에서 하는 기도문을 들어보면 성가대의 마음 자세를 알 수 있습니다. 이들은 이렇게 기도합니다.

"우리가 잘 불러서 하나님께 영광을 돌리게 하옵소서."라든가 "지휘자의 손끝과 반주자의 손끝을 도와주셔서 성가를 잘하게 해주시고…." 이 기도문의 경우는 아마 지휘자의 비트와 피아노 건반을 치는 반주자 손을 의미하는 것 같습니다. "우리가 실수 없게 배운 대로 부르게 하시고…." 등 노래를 잘하게 해달라는 뜻이 많은데 성경이 말한 진정한 의미의 찬미, 찬송과는 너무나 거리가 있는 기도입니다.

주님께서 계셨다면 기도를 다시 가르쳐 주시지 않으셨을까요? 아마도 이렇게 말씀하셨을 것 같습니다. "너희는 이렇게 기도하라. 노래를 부르기 전에 내 마음에 전능하신 하나님을 두며, 그분만을 높이며, 그에게 감사하라. 아버지가 받으실 만한 찬양은 음정과 박자와 같은 음악적 소양이 아니라 마음이 담긴 진정한 것이니 찬양을 부르는 네가 기쁨이 가득할 것이다."

거룩한 노래, 찬양은 연습도 견주기도 없습니다. 굳이 구분한다면 예배 전에 하는 연습은 예배 전 찬양, 예배 중에 드리는 찬양은 예배 중 찬양, 그리고 예배 후에 하는 연습은 예배 후 찬양으로 말하는 것이 옳습니다. 그리고 성가경연대회 대신에 음악을 전공으로 하는 사람들이 모여 기독교 종교음악 발표대회 같은 것을 개최한다면 그것은 찬양과는 관계가 없는 음악성을 중시하는 행사로 의미가 있을 것입니다.

"네 노랫소리를 내 앞에서 그칠지어다. 네 비파 소리도 내가 듣지 아니하리라. 오직 정의를 물같이, 공의를 마르지 않는 강같이 흐르게 할지어다." (아모스 5장 23절~24절)

"그리스도의 말씀이 너희 속에 풍성히 거하여 모든 지혜로 피차 가르치
며 권면하고 시와 찬송과 신령한 노래를 부르며 감사하는 마음으로 하나
님을 찬양하고 또 무엇을 하든지 말에나 일에나 다 주 예수의 이름으로
하고 그를 힘입어 하나님 아버지께 감사하라." (골로새서 3장 16절~17절)

40

암환자 울리는 교묘한 장사꾼

십수 년 전에 매형이 2리터 플라스틱 통에 물을 담아 가져온 적이 있었습니다. 경기도 있는 유명한 모 기도원에서 떠온 생수라고 했습니다. 그냥 생수가 아니라 만병을 치유하는 '은혜의 생수'이라고 했습니다.

신앙심이 깊은 팔순의 노모는 눈이 밝아지라고 그 물을 눈에 바르기도 하고 근육통이 있는 허리나 만성신경통이 심한 다리에 그 물을 바르기도 했습니다. 어머니는 물을 그냥 바르는 것이 아니고 생수를 앞에 놓고 간절하게 기도를 하였습니다. 너무 진지한 그 모습을 보면 웃을 수가 없었습니다. 그저 못 본 척했습니다.

이 '은혜의 생수'(?)는 남녘 땅끝 시골에 사는 매형이 교인들을 데리고 기도원에 가서 구해온 것인데 몸이 약해 고생하시는 장모를 생각하고 지나는 길에 한 통 내려주고 간 것이었습니다. 아무튼 어머니는 이 물을 아주 소중하게 간수하셨습니다.

일본인 에모토 마사루가 물에 관한 글을 썼는데 물은 사람의 마음을 읽는다고 했습니다. 같은 물도 악한 생각을 하는 사람에게는 독수가 되고 선한 생각을 하는 사람에게는 약수가 된다는 것인데 예컨대 같은 물을 여러 병에 담아 병마다 각기 다른 글자로 '사랑해요' '고맙습니다' '미안해요' '망할 놈' 등을 써두고 일정한 시간이 흐른 뒤에 물의 결정체를 찍어 봤더니 그 모습이 사뭇 다르더라는 것입니다. 긍정적인 글이 적힌 병에 담긴 물은 육각수 모양을, 부정적인 글의 병에 담긴 물은 결정체가 깨진 모양을 하고 있더라는 것이다. 이런 실험을 토대로 그는 지구에 사는 사람의 마음이 오염되면 물도 오염된다고 주장하고 있습니다.

기도원에서 떠온 '은혜의 생수'가 모든 병을 치료하는 기적의 물이라는 것도, 일본인 작가가 쓴 책처럼 물이 사람의 말이나 글을 이해하고 무슨 모양으로 변한다는 말은 믿을 수가 없습니다.

지구상의 어떠한 물도 그런 물은 없을 것입니다. 단지 물에 함유된 무기질의 농도와 중금속의 농도, 유기물의 오염도를 검사해서 사람이 먹을 수 있는 물인지 아닌지를 구분하는 것이 중요합니다. 그럼에도 불구하고 나의 어머니와 에모토 마사루의 생각은 매우 의미가 있는 것입니다. 말하자면 물 한 그릇을 앞에 놓고도 감사할 줄 아는 사람의 마음은 정말 값지고 아름다운 모습이기 때문입니다. 이런 자세라면 아주 작은 일에도 감사하는 마음이 넘치지 않겠는가 생각해 봅니다.

내 조카는 대학에서 심리학을 전공한 수재인데 어쩌다 뇌에 종양이 생겨서 가까운 사람들이 많은 걱정을 했습니다. 내 누이는 새벽마다 교회에 나가 눈물로 간구했으며 병석에 누운 90이 넘은 어머니도 외손자를 위해 쉬지 않고 기도를 했습니다. 검진결과는 비관적이었습니다. 아기 주먹 크기의 뇌종양이 시신경을 눌러서 앞이 잘 보이지 않을 정도로 악화되었으며 수술도 위험하다고 하니 오직 의지할 곳이라고는 하나님 밖에 달리 도리가 없었습니다. 누이가 다니는 개척교회는 내 조카를 위해 철야기도회를 쉬지 않았습니다. 고마운 분들이지요.

아들 때문에 전전긍긍하는 내 누이에게 모 집사가 찾아왔습니다. 그녀는 내 조카를 위해 눈물을 흘리며 간절하게 기도했습니다. 누이는 그녀가 너무 고마웠습니다. 그 집사는 하루도 거르지 않고 찾아왔으며 누이는 감격했습니다. 어느 날 그녀가 누이에게 말했습니다.

"집사님! 정말 놀라운 일이 있답니다."

그녀는 가방에서 플라스틱 물병 하나를 꺼냈습니다.

"이것이 암을 녹이는 신비로운 물인데 제가 집사님 아드님을 위해 어렵게 구해 왔는데 한 번 먹여보세요."

그녀가 누이 앞에 물병을 밀어 내주면서 말했습니다. 누이는 그녀의 마음 씀씀이에 다시 감격했습니다. 그리고 몇 번이고 고개를 숙여 고맙다는 말을 했습니다.

그리고 며칠이 지나서 그녀가 다시 찾아왔습니다. 그녀는 여전히 내 조카를 위해 간절히 기도하는 모습을 보였습니다. 그리고 환자의 상태가 어떤지 물은 후에 가방에서 플라스틱 물병 두 개를 꺼내 내놓으며 몇 병은 복용해야 증세가 호전될 수가 있다고 했습니다.

"집사님! 지난번 것은 제가 선물 한 것이고요. 이것은 집사님이 부담하세요. 하나밖에 없는 외아들을 위해 무엇을 망설이겠어요? 한 병에 250만 원인데요…."

그녀는 본격적으로 암 치료 약이라는 물약에 관해 너스레를 늘어놓기 시작했습니다.

"집사님! 기도만 가지고 되는 게 아니에요. 사람들이 이 좋은 약을 모르기 때문에 병원에 가서 고생을 사서 하는 것이지…."

누이는 난감했습니다. 한두 푼도 아니고 5백만 원은 작은 돈이 아니었습니다. 수중에는 단돈 50만 원도 없었습니다. 누이가 난감해하자 그녀는 다그쳤습니다.

"대출이라도 받아야지요. 시기를 놓쳐 병을 키우면 백약이 무효가 되거든요."

무슨 말을 어떻게 했는지 기억할 수 없지만 그녀를 간신히 돌려보낸 누이는 곰곰 생각해 봤습니다. 그녀의 친절이 공짜가 아니었다는 것을, 무엇보다 그녀가 같은 교회 집사라는 것이 마음에 걸렸습니다. 그런 일이 있는 후로 그녀는 한 번도 찾아오지를 않았고 누이의 걱정과는 다르게 교회에서 마주쳐도 그녀는 아주 냉담했습니다. 그녀는 내 조카의 병세에 관해 한 마디 안부도 묻지 않았습니다.

"도둑이 오는 것은 도둑질하고 죽이고 멸망시키려는 것뿐이요 내가 온 것은 양으로 생명을 얻게 하고 풍성히 얻게 하려는 것이다." (요한복음 10장 10절)

41

아멘은 추임새가 아니다

우리 국악 판소리는 북이나 장구와 같은 타악기만 하나 덜렁 있으면 어디서나 판을 벌일 수 있는 서양음악과는 다른 매우 심플한 음악입니다.

서양음악은 연주자와 청중으로 이분되지만 국악인 판소리에서는 청중이 따로 없이 모두가 공연자가 됩니다.

소리판에서는 소리꾼과 고수와 청중이 하나로 어우러져 창(소리)과 아니리(말)와 너름새(몸짓)와 발림(춤)으로 신명나는 하모니를 연출하는 음악이 판소리의 특징입니다.

판소리에서는 추임새라는 것이 있습니다. 소리꾼의 신명을 돋우기 위해 청중이 소리 사이사이에 "얼씨구~" "좋다~" "어으~" 하는 소리 양념을 넣는 것을 추임새라고 합니다.

추임새가 시원찮으면 소리판 역시 싱거워서 도무지 흥이 나지 않습니다. 그래서 판소리를 두고 첫째가 청중, 둘째가 고수, 셋째가 명창이라는 말이 생겨났습니다.

요즘엔 판소리를 들으러 가면 공연에 앞서 청중을 대상으로 먼저 추임새부터 연습을 시키는 것을 종종 볼 수 있는데 실제로 추임새를 넣다 보면 국악의 묘미를 느낄 수 있습니다.

목사가 설교하는 도중 도중에 교인들이 "아멘"이라든가 "할렐루야"를 외치는 것을 교회에서 흔히 볼 수 있습니다. 목사의 설교 스타일이 정열적이고 설교자의 목소리 톤이 높고 빠를수록 "아멘"이나 "할렐루야"는 더 빈번하게 들을 수 있습니다.

목사의 설교에 감화를 받아서 그와 같이 반응하는 것이 아니라 목사가 무슨 말을 하는지 알지 못하면서도 습관적으로 "아멘"을 하는 사람들이 있습니다. 이들은 목사의 설교 음절 음절마다 마치 판소리에 추임새를 넣듯, "아멘"이나 "할렐루야"로 화답합니다.

습관화되긴 목사도 마찬가지입니다. 어떤 목사는 설교 중에 "아멘" 이나 "할렐루야"가 터지지 않으면 힘이 풀린다고 말합니다. 그래서 판소리 때 추임새를 사전에 가르치듯이 설교 중에 "아멘"이나 "할렐루야"를 하도록 가르치기도 합니다.

부흥회가 열리면 "아멘"은 더욱 풍성해집니다. 평소에는 과묵한 사람도 부흥회에 참석하면 들떠서 부흥강사의 한 마디, 한 마디에도 놓칠세라 "아멘" "할렐루야"를 연발합니다. 이러한 반응은 때론 부흥강사의 인기도를 증명하기도 합니다.

"성도 여러분! 변변한 직장도 없고 융통성도 없는 무일푼도 예수만 믿으면 부자가 됩니다. 믿습니까?"

"아멘"

"병든 사람도 예수만 믿으면 병이 떠납니다. 병원에 갈 필요가 없어요."

“아멘”

“교회에 헌금을 많이 하면 하나님께서 30배 60배로 채워주실 것을 믿습니다.”

“아멘”

“지금, ‘아멘’ 한 사람 손들어 보세요. 아멘, 아멘, 아멘, 손을 든 사람은 헌금 많이 해서 30배. 60배, 100배 축복을 받으시기 바랍니다.”

부흥강사가 손든 사람들을 향해 아멘을 연발한다.

“어떤 사람이 교통사고를 당했는데….”

“아멘”

“여기서 아멘 하면 안 됩니다.”

빗나간 아멘에 부흥강사가 빙그레 웃습니다.

아멘의 참뜻은 ‘이루어지기를 간절히 바란다.’이고 할렐루야의 참뜻은 ‘찬미하다’, 또는 ’기쁨’과 ‘감사’를 의미합니다.

기도 후에 아멘을 하는 것은 너무나 당연하며 자연스럽습니다. 찬송도 헌신과 간구가 담긴 내용은 마지막에 아멘으로 화답합니다. 기도와 찬송을 통해 하나님께 소원하는 것이 이루어지기를 간절히 바란다는 뜻의 아멘에는 모두의 마음이 모여져 있는 것입니다.

또한 여호와의 이름을 높이고 주께 감사하는 의미에서 할렐루야를 외치는 것도 매우 자연스럽습니다. 다만 내 마음의 상태 즉 여호와 아버지를, 또는 예수 그리스도만을 섬기고 찬양하는 감사와 기쁨이 담겨 있을 때에 화답하는 말이어야 합니다.

“아멘”과 “할렐루야”에는 뜨거운 마음이 담겨 있어야 합니다. “아멘”과 “할렐루야”에는 반드시 이루어진다는 믿음이 담겨 있어야 합니다.

　아무런 생각 없이 습관처럼 입술에서 떨어지는 "아멘"이나 "할렐루야"는 교회를 습관적으로 다니는 데서 비롯된 것입니다. 장난스럽게 함부로 "아멘"과 "할렐루야"를 남발하는 것은 그리스도인으로서 해서는 안 될 일입니다.

　"아멘"은 입으로 말하기 전에 마음 깊은 곳에서 진동처럼 퍼지는 울림이 있어야 합니다. 하나님께서 창조하신 아름다운 삼라만상을 보면서 "할렐루야"가 마음에서 우러나와야 하지요. 아무도 없는 조용한 곳에서도 하나님과 대화하듯 간구와 찬양의 마음 끝에 "아멘"과 "할렐루야"가 고요하게 파문을 일으키는 사람이라면 아멘의 참뜻을 아는 사람입니다.

"거짓말하는 자들을 멸망시키시리라. 여호와께서는 피 흘리기를 즐기는 자와 속이는 자를 싫어하시나이다. (시편 5편 6절)

"에스라가 위대하신 하나님 여호와를 송축하매 모든 백성이 손을 들고 아멘 아멘 하고 응답하고 몸을 굽혀 얼굴을 땅에 대고 여호와께 경배 하니라." (느헤미야 8장 6절)

42

"몇 도 이상의 술을 마시면 죄가 될까요?"

"악마는 사람을 찾아다니는데, 너무 바쁠 때에는 그의 대리로 술을 넘겨준다"는 말이 탈무드에 있는가 하면 법화경에는 "사람이 술을 마시고, 술이 술을 마시고, 결국에는 술이 사람을 마신다"는 말이 있습니다. 구약성서 잠언에는 "포도주는 붉은 잔에서 번쩍이며 순하게 내려가나니 너는 그것을 보지도 말지어다. 이것은 마침내 뱀같이 물 것이요, 독사같이 쏠 것이며, 또 네 눈에는 괴이한 것이 보일 것이며, 네 마음은 망령된 것을 발할 것이다."라고 기록되어 있습니다. 예부터 술은 긍정적인 격언보다 부정적인 격언은 훨씬 많습니다. 인류 역사상 술처럼 사람들과 가까이에 있는 기호품은 없으며 술은 금주를 법으로 규정하고 있는 회교권 국가를 제외한 모든 지역에서 꾸준하게 발달해 오고 있습니다.

보수적인 크리스천일수록 술을 마시는 것을 두고 하나님 앞에 범죄를 저지르는 것으로 생각합니다. 크리스천 중에는 거짓말을 하거나 남을 해치는 것보다 술 먹는 것을 큰 죄로 여기는 사람들이 많습니다.

"아, 먹지도 말라 그 술, 아 보지도 말라 그 술, 금수강산 복 받기는 금주함에 있나니라."

내가 어렸을 때에 불렀던 〈금주가〉라는 노래입니다. 이 노래가 찬송가에 실려 있었습니다.

왜 유독 우리나라 교회만 술과 담배를 금기시하고 있는지 그 이유는 잘 모르지만 술과 담배가 건강에 해를 끼친다는 점에서 가능하면 건강해서 하나님이 우리에게 허락하신 수명을 이 땅에서 남김없이 살아드리는 것이 하나님을 기쁘시게 하는 일이라 믿기에 금주와 금연은 잘한 일이라는 생각이 들기도 합니다.

가톨릭 신자나 진보적인 개신교인들은 술 자체에 의미를 부여하지는 않습니다. 단지 음식일 뿐이라고 말합니다.

음주에 관해 보수적인 크리스천은 술에 취하면 죄를 짓게 되기 때문에 마셔서는 안 된다고 하고 진보적인 크리스천은 성경은 술 취하지 말라고 했지 마시지 말라는 말은 없다며 항변합니다. 그 둘 사이에 끝없는 논쟁은 일반화되어 오늘날까지 계속됩니다.

정작 고민하는 쪽은 교인들입니다. 일상의 생활에 술은 가깝게 있을 뿐 아니라 사회에서 활동하는데 술은 교제의 수단으로 생활화되어 있는 터라 주(酒)와 주(土) 사이에서 적잖은 고민을 합니다.

술자리에 보수적인 입장을 견지하는 크리스천이 끼어있으면 '안주만 축내는 인간'으로 왕따를 당하기 일쑤이고 기독교인들이 싸잡혀 욕을 먹습니다.

내가 생각하기에는 술 자체가 문제는 아닌 것 같습니다. 성경에 술 취하지 말라는 핵심은 술에 있지 않고 술을 먹고 나타나는 결과를 두고 하는 말이라고 봅니다. 술에 취해 사리분별이 없이 토색과 술수와 다툼과 음란 같은 좋지 않은 행동을 두고 하는 말이라는 생각이 듭니다. 덕담과 위로와 평안과 기쁨이 있는 술자리라면 굳이 나쁠 것까지는 없다는 생각입니다.

그런데 금주파도 애주파도 아닌 어정쩡한 기독교인 중에는 술을 마시면서 자신을 합리화시키는 우스꽝스런 사람들이 있습니다. 대표적인 예를 들면 포도주를 마시는 것은 죄가 되지 않는다는 논리입니다. 이들은 예수님도 가나의 혼인잔치에서 물로 포도주를 만들어 하객들에게 마시도록 했다는 근거를 들이대는가 하면 신약성경에 소주를 마시지 말라고 했기 때문에 소주보다 알코올 도수가 낮은 술은 괜찮다는 이상한 해석을 합니다.

이들은 술자리에서 맥주나 와인 같은 비교적 독하지 않은 술을 마심으로 죄의식을 피하려고 하는가 하면 마시기 전에 함께 자리를 한 상대에게 알코올이 몇 도인가를 물어봄으로써 기독교인이 술을 마신다는 지탄을 피하려고 합니다.

예수님 시대에는 증류주인 소주가 없었습니다. 알코올을 생산할 수 있는 기술이 아직 개발되기 전이었기 때문에 성경에 소주라 기록된 것은 발효주를 잘못 번역한 것입니다.

아무튼 성경을 근거하여 자의적으로 해석하는 것은 술에 취하는 것보다 자신을 기만하는 행위로 기독교인이 취할 올바른 행동은 아닌 듯합니다.

성경에는 이런 구절도 있습니다. "이제 네 몸을 위해 약간의 포도주를 마셔라" 바울이 디모데에게 한 말입니다. 아마도 디모데에게 견디기 어려울 정도의 고통이 따르는 병이 있었던 것 같습니다. 의학이 발달하지 못하고 진통제와 같은 약이 없던 그 당시에 알코올은 고통을 덜어주는 약이 되었을 것입니다.

술을 예찬하는 것은 결코 아닙니다. 술을 입에 대지 않고 끝까지 신앙의 지조를 지키는 것이야말로 참으로 어렵지만 아름다운 모습임에는 틀림없습니다. 문제는 기독교인이 술에 대해 지나친 거부반응과 고답적인 태도로 인해 사람들과의 어울림이 단절되고 전도의 기회를 잃어버리는 경우가 적잖게 있는 경우가 있으며 또 다른 하나는 기독교인이 술을 마시면서 자신을 합리화시키는 비겁함을 보이는 경우가 있습니다. 관건은 술에 대한 보다 솔직한 태도가 필요합니다.

술로 나타나는 바람직하지 않은 일은 얼마든지 볼 수 있습니다. 그것이 술을 금기시하는 이유가 되지만 술 때문에 인간을 구원하지 못한다면 그것 또한 어리석기 짝이 없는 일입니다.

"술 취하지 말라. 이는 방탕한 것이니 오직 성령으로 충만함을 받으라."
(에베소서 5장 18절)

"임금들과 높은 지위에 있는 모든 사람을 위하여 하라. 이는 우리가 모든 경건과 단정함으로 고요하고 평안한 생활을 하려 함이라. 이것이 우리 구주 하나님 앞에 선하고 받으실 만한 것이니" (디모데전서 2장 2절~3절)

43

짝퉁 물건, 짝퉁 하나님

내가 아는 여 권사님 한 분이 짝퉁물건 장사를 하는데 그만 짝퉁물건을 만드는 사람이 붙잡혀 감옥에 가는 바람에 물건을 받을 수가 없어서 짝퉁을 찾는 고객이 생겨도 팔 물건이 없다며 어려움을 호소했습니다.

평소에 기도생활이 열심이던 권사님은 이번에도 짝퉁물건을 받을 수 있게 해달라고 열심히 기도를 했습니다. 그동안에 짝퉁물건을 만들다 붙잡혀 감옥에 간 사람이 출옥을 해서는 권사님을 찾아와 앞으로 자신이 만든 짝퉁은 권사님에게만 팔겠다고 은밀하게 말했습니다.

그러자 권사님은 기도에 응답받았다며 뛸 듯이 기뻐하며 교인들을 찾아다니면서 하나님이 다시 짝퉁 물건을 팔 수 있게 해주었다고 간증하고 다녔습니다.

언젠가는 감리교 전국남선교회 부흥집회에 참석해서 설교하는 목사님으로부터 들은 이야기인데 당신이 좋아하고 인간적으로 존경하는 권사님이 젊은 시절에 미군부대에서 흘러나오는 미제품을 팔았다고 합니다. 그 권사님이 틈만 있으면 그 시절을 회고하면서 하는 말이 미제품을 장사하는 다른 사람들은 다 잡혀서 감옥에 가는데 자신만은 하나님이 도와주셔서 한 번도 붙잡히지 않고 미제품 장사를 잘해서 집도 장만하고 아이들도 가르치게 되었노라고 두고두고 간증을 했다고 합니다.

이 목사님이 외국에서 유학생활을 할 때 학교 기숙사에 함께 있던 한국 신학생이 교통사고를 당한 이야기를 했습니다. 한국 신학생이 당한 교통사고는 아주 경미해서 누가 봐도 굳이 병원에 누워 있을 필요까지는 없어 보이는데 몇 주간을 병원에서 빈둥거리며 누워 지내더라는 것입니다. 물론 학생은 병원에 있는 날 수만큼 계산해서 가해 차량 보험회사로부터 돈을 꼬박꼬박 받은 것은 두말할 나위가 없었습니다.

목사님이 이 학생에게 문병을 가서 멀쩡한 모습을 보고는 왜 퇴원을 하지 않았느냐고 묻자 대답이 "목사님, 제가 학비가 없어서 하나님께 간절히 기도를 했더니만, 하나님이 기도를 들으시고 가벼운 상처만 입게 하고는 충분한 보상금을 받을 수 있게 만들어 주어서 학비를 내는 데 전혀 어려움이 없어졌어요."라고 자랑스럽게 이야기를 했다고 합니다.

정말 가짜를 진짜처럼 만들어 파는 짝퉁물건 장사를 위해 하나님은 일하시는 걸까요? 정말 하나님은 교인들이 밀수를 해도 기도만 열심히 하면 붙잡히지 않도록 일하시는 걸까요? 정말 돈이 필요해서 기도하면 하나님은 교통사고를 일으켜 필요한 돈만큼 보상금을 받도록 하시는 걸까요? 그렇다면 참으로 하나님은 부도덕하신 분이 분명합니다. 참으로 하나님은 세상을 어지럽히는 분이 분명합니다. 만일 그런 하나님이 있다면 우리가 믿고 의지하며 섬기는 하나님이 아니라 그는 짝퉁 하나님일 것입니다.

사례를 들라면 끝이 없습니다. 과연 이런 기도가 기독교적인가요? 그리스도의 가르침에 부합되는가요? 하는 점인데 정답은 "절대 아니올시다."입니다.

문제는 교회 안에서 잘못된 가르침에 있습니다. "무엇이건 구하라. 구하는 것은 무엇이건 얻을 것이다"하는 막무가내 식 잘못된 믿음을 심어 준 것이 문제라면 문제입니다. 이런 기도를 하면서 그것이 믿음이라고 생각하는 기독교인들이 의외로 많습니다. 하나님을 불러 내 자신의 이기심을 채우는 잘못된 신앙으로 일생을 보낸다면 그것 역시 짝퉁 기독교인, 짝퉁 신자입니다.

곰곰이 생각해 봅시다. 돈을 많이 벌고, 큰집으로 이사를 하고, 직장에서 승진을 하고, 연봉이 올라가고, 사회적인 명예를 얻게 되는 경우 가장 먼저 찾아오는 사람이 누구일까? 그래서는 안 되는데 교회의 목사님입니다. 그리고 하나님으로부터 복을 받았다며 추켜세우며 감사 기도를 합니다. 교인들 앞에 아무개가 복을 받았다며 광고를 합니다. 이곳저곳 다니면서 간증을 합니다. 목사님들이 들으면 기분 나쁠 일이지만 예전에 마을마다 당골이라는 무당이 있었습니다. 마을사람들에게 길흉사가 있으면 가장 먼저 달려가 귀신에게 복을 빌어주거나 나쁜 액을 떼어내는 굿을 했습니다. 종교가 다를 뿐 하는 행위는 크게 다르지 않습니다.

그럼 어떤 기도를 해야 할까요? 어떤 기도가 하나님께서 들어주시는 합당한 기도일까요? 이것 역시 정답은 간단합니다. 이런 잘못된 기도를 아셨기에 일찍이 예수께서 기도에 대해서 우리에게 가르쳐 주셨습니다.

"너희는 이렇게 기도하라. 하늘에 계신 우리 아버지여, 아버지의 이름이 거룩하게 빛나시며, 아버지의 나라가 오시며, 뜻이 하늘에서와 같이 땅에서도 이루어지이다. 오늘 우리에게 일용할 양식을 주옵시고, 저희에게 잘못한 이를 저희가 용서하오니 저희를 용서하옵시고, 유혹에 빠지지 않게 하옵시며, 악에서 구하소서."

하나님께 향한 경배와 일용한 양식에 대한 감사와 용서와 화해가 담겨 있는 그리스도께서 우리에게 가르쳐 준 기도문이 모범 답안입니다.

누구든지 기도할 때 그 기도가 예수께서 가르쳐 준 기도에 부합되는가를 생각해 보면 기도의 올바른 길을 찾을 수 있습니다. 다신론적인 이방종교처럼 신을 불러내서 종처럼 부리는 가증한 기도는 기독교의 기도가 아닙니다.

기독교의 기도는 예수를 닮기 위한 삶을 살면서 그렇게 되도록 소원하며 간구하는 차원이 높은 신앙의 중심 사상이 들어있어야 합니다.

"또 기도할 때 이방인과 같이 중언부언하지 말라. 그들은 말을 많이 하여야 들으실 줄 생각하느니라. 그러므로 그들을 본받지 말라 구하기 전에 너희에게 있어야 할 것을 하나님 너희 아버지께서 아시느니라. 그러므로 너희는 이렇게 기도하라." (마태복음 6장 7절~9절)

44

예수를 구주로 받아들인 심령이 성지이다

우리나라 기독교인 중에 예루살렘을 가보지 않으면 안 되는 것처럼 생각하는 사람들이 많습니다. 예루살렘을 다녀온 사람은 신앙이 깊은 사람으로 비치는 현실이 있는 한 성지순례를 사모하는 사람들이 줄지 않을 것 같습니다.

교회마다 성지순례 프로그램을 준비하고 있으며 교인들은 성지순례를 다녀오기 위해 적금을 들기도 합니다. 혹 성지순례자의 명단에 들지 못하면 신앙이 없는 사람으로 비칠까 봐 무리를 해서 다녀오는 사람들도 있는데, 어떤 사람은 같은 장소를 여러 번 다녀온 것을 자랑하기까지 합니다. 아직도 많은 목회자가 교인들에게 성지순례를 권하는 것을 보면 마치 애굽에서 엑소더스한 이스라엘 민족과도 같습니다. 특히 대형교회의 성지순례는 한 번에 세 자리 숫자를 쉽게 채우는 것으로 봐서 규모면에서 민족의 이동을 방불케 합니다.

고향을 등지고 사는 교인들도 예루살렘이나 베들레헴, 갈릴리 호수를 사모하는 것을 보면 그들이 가지고 있는 환상이 얼마나 무지한 것인가를 볼 수 있습니다.

기독교 교인 중에는 이스라엘을 마치 고향처럼 그리워하는 사람들도 있습니다. 이스라엘 민족을 선민, 곧 하나님이 선택한 민족으로 믿으며 사모하는 사람들도 있습니다. 이들은 이스라엘이 주변 이슬람 국가에게 행하는 악행을 오히려 하나님의 사역으로 생각하기도 합니다.

우리나라 개신교인 중에는 성경을 유대인의 시각으로 해석하는 사람이 많습니다. 이스라엘이 주변국을 침공한 것을 정당화하면서 이스라엘이 가나안과 블레셋을 진멸한 구약성경을 들어 하나님이 이스라엘로 이방을 멸하는 것이라고 설교하는 목사도 있습니다.

예루살렘은 로마 가톨릭을 포함한 기독교의 성지만은 아닙니다. 유대교, 회교의 성지이기도 합니다. 최근에 미국의 트럼프 대통령이 예루살렘을 이스라엘의 수도라고 공포함으로써 아랍권세계와 유럽 국가들로부터 공분을 산 적이 있다.

아무튼 예루살렘은 항상 참배객과 관광객으로 붐비는, 세계 최대의 관광수입을 올리는 곳이기도 합니다. 물론 최대의 고객은 동쪽의 끄트머리 나라에서 온, 불같은 성질을 지닌 한국교회 교인들을 빼놓을 수 없습니다. 이스라엘 관광청 발표에 따르면 2007년 한해 예루살렘을 방문한 한국인은 3만 4천 명이며 이들이 이스라엘에 가져다주는 돈은 천문학적이 액수입니다.

문제는 이스라엘은 관광으로 벌어들인 돈으로 무기를 사들이고 그 무기로 팔레스타인을 학살한다는 사실입니다.

오래전에 있었던 일입니다.

오죽했으면 33개 기독교단체가 주한 이스라엘 대사관 앞에 모여 예루살렘 성지순례 중단을 촉구하는 시위를 했겠습니까.

우리나라 기독교인들이 지금처럼 성지순례를 믿음의 척도로 생각한다면 팔레스타인을 비롯한 이슬람 국가에 간접적으로 상처를 입히는 행위가 됩니다.

예루살렘은 종교적 · 역사적으로 기독교의 유적지라 할 수 있지만 성지는 아닙니다. 신앙적으로 말하면 기독교인에게 성지는 없습니다. 어디가 거룩한 땅인가요? 굳이 성지를 말한다면 영적으로 예수를 구주로 받아들인 심령이 성지이지 않겠는지요. 성지순례에 의미를 두는 것은 이교도들의 믿음 행위라고 할 수 있습니다.

이스라엘에 돈을 내다 버릴 것이 아니라 우리나라에 복음을 전하기 위해 죽임을 당한 선교사들의 순교지와 믿음의 지조를 끝까지 지키다 순교한 선인들이 숨결이 남아있는 교회를 찾아보는 것이 오히려 의미가 있을 것입니다.

내가 기억하는 것 중에 절두산 순교지, 충남 보령에 있는 갈매못 순교지, 충남 공주의 황새바위 순교지, 남한산성 순교지, 새남터 순교지, 충남 해미 순교지 등은 천주교도의 순교지이며, 개신교도 순교지는 제암리교회를 비롯해 전국 각지에서 찾아볼 수 있습니다. 경기도 용인에 있는 한국기독교순교자기념관을 찾아보면 한눈에 개신교 순교사를 볼 수 있습니다.

성경은 이렇게 말하고 있습니다.

"너희가 하나님의 성전인 것과 하나님의 성령이 너희 안에 거하시는 것을 알지 못하느냐."(고린도전서 3:16) 거룩한 땅, 곧 믿음의 성지는 우리의 마음속에 있습니다. 예수 그리스도를 사모하는 것은 아름답지만 이스라엘을 사모하는 것은 무의미합니다.

"너희는 너희가 하나님의 성전인 것과 하나님의 성령이 너희 안에 계시
는 것을 알지 못하느냐?" (고린도전서 3장 16절)

45

구원받았는지 의심스럽다고요?

"내가 정말 구원을 받은 건가? 천국은 갈 수 있는 건가? 하고 불안해 하시는 분이 계시면, 내가 구원받았는지를 몰라서, 그 문제가 내 신앙에 가장 큰 문제다 그러시면, 어느 날 날 잡아서, 주일날 교회 가지 말고, 어디 낚시를 가시거나, 골프를 치러 가시거나, 등산을 가 보세요. 주일 예배 땡땡이치고 라스베이거스 가시면서, 이러면 안 되는데…. 이러다 가 내가 차가 뒤집혀 다치지? 하는 생각이 들거나, 그런 생각까지는 안 들어도, 뒷골이 땅기시거나, 뒷골이 뻐근하신 분은 반드시 구원을 받으 신 분입니다. 영혼이 구원받지 않은 분은 이런 생각이 안 나요. 하여튼 100분의 1초라도, 스쳐가는 생각으로나마 불길한 예감이 들던지, 주일 날 예배 빼먹고 골프 치러 가면서 이러다가 어디서 골프공이 날아와서 머리에 정통으로 맞아서, 대가리가 깨지지? 1부 예배라도 보고 올 걸 그 랬나 보다 하는 등의 께름칙한 예감이 든다거나 하는 분은 반드시 구원 을 받은 분입니다."

윗글은 유 아무개라는 교수이자 목사가 쓴 책의 일부분을 그대로 여기에 옮겨 적은 것입니다.

신앙서적을 즐겨 읽는 어느 집사님이 읽어보라고 권해서 읽어봤는데 하도 말 같지가 않아서 끝까지 읽는데 적잖은 인내심이 필요했습니다.

교회에 안 가서 벌 받을까 불안한 것은 저자의 말처럼 구원받은 증거가 아니라 잘못된 신앙관에 세뇌된 종교적 심리상태에서 오는 불안현상입니다. 마치 미신을 섬기는 사람이 무당에게 굿을 하지 않으면 불안해하는 것과 같은 현상입니다.

구원이라는 말은 예수님이 십자가에 못 박히면서 이룩한 은혜며 하나님의 자녀로 하나님께 귀화할 수 있는 생명의 길 일진데, 이 책은 구원을 얼마나 폄하하고 있는지 황당하고 어처구니가 없는 내용으로 채워져 있었습니다.

결론부터 말씀드리자면 주일예배와 구원과는, 교회와 구원과는, 불길한 예감과 같은 마음의 감정과 구원과는 전혀 관계가 없습니다. 예수를 그리스도로 영접하고 예수처럼 살려고 노력하는 것이 구원을 받은 것이며 구원을 이뤄가고 있는 것이기 때문입니다.

대형서점이나 기독교서점에 가보면 기독교와 관련된 책들이 방을 가득 메우고 있습니다. 날마다 수십 종의 신간이 쏟아집니다. 복음적인 서적, 신앙에 도움을 주는 서적도 많지만 못지않게 이단적인 내용의 설교집, 부풀려진 간증집, 기독교서적으로 포장된 사이비서적, 성서적으로 검증되지 않는 번역서적, 심지어는 성서 속에 숨겨진 비밀이라며 남녀의 성애를 적나라하게 다룬 음란서적도 버젓이 팔리고 있습니다.

복음적이지 않은 책일수록 흥미롭고 새롭고 관심을 끕니다. 그래서 전혀 다른 세상을 보는 것 같아 사람들에게 읽혀지기 쉽습니다.

그런데 이런 서적들이 교회의 신앙독서모임에서 돌려가면서 읽혀지고 있는 것이 문제입니다. 어떤 경우에는 당회장 목사가 대량으로 구입하여 교인들에게 나누어주기도 합니다. 이런 경우 목사가 그런 서적을 읽지 않고 단지 기독교서점에서 구입했다는 것으로 신뢰했거나 잘못된 사상을 지녔기에 그런 일이 생깁니다.

반기독교적·반복음적인 불량한 서적은 잘 믿는 교인을 사탄에 내어주게 됩니다. 이런 서적을 읽게 되면 글은 말보다 힘이 있어서 목회자의 설교를 들으면서 '저 말은 틀린 말'이라고 단정해 버립니다. 그런 일이 자주 있게 되면 교회를 떠나게 되고 자칫 이단의 올무에 걸리게 됩니다. 이상한 서적을 읽고는 남이 모르는 무슨 비밀이라도 알았다는 된 듯 성경을 멀리하게 됩니다. 또한 교인들끼리 부질없는 논쟁으로 사이가 나빠져 성도의 교제가 사라지게 됩니다.

기독교 양서를 읽으면 보다 나은 신앙생활을 위해 결심하기도 하고 이타적인 삶을 살기 위해 개심하기도 합니다. 다소 어렵다고 생각했던 성경을 쉽게 이해할 수 있는가 하면 목회자의 설교내용을 이해하는 데 도움이 되기도 합니다.

많은 기독교서적 중에서 양서를 고르는 방법은 첫째로 보편적 진리에서 벗어나지 않은 내용이어야 하며, 둘째로 저자의 신학배경이 건전한가를 살펴보는 것이며, 셋째로 성경에서 찾아볼 수 없는 낯선 이야기가 없어야 합니다.

"그들이 이리저리 구르며 취한 자같이 비틀거리니 그들의 모든 지각이 혼돈 속에 빠지는도다." (시편107편 27절)

46

방언을 하면 사탄이 주워먹지 못한다?

한때 나는 방언을 사모한 적이 있었습니다.

내가 다니던 교회의 당회장 목사는 방언을 강조했으며 온 교회가 방언을 받기 위해 몸부림쳤습니다. 새벽기도회에 나가면 여기저기서 방언으로 기도하는 소리가 들려왔습니다. 아무리 귀를 세우고 들어봐도 어느 것 하나 알아들을 수 없었습니다. 어떤 발음은 귀에 프랑스어나 중국어처럼 감미롭게 들리는 것이 있는가 하면, 어떤 발음은 건조하게 느껴지기도 했습니다. 어떤 것은 주문처럼 반복되는 것도 있었습니다.

나는 방언을 하는 이들이 부러웠습니다. 그래서 방언이 터질 때까지 새벽기도회에 나갔습니다. 그런데 나 자신이 무엇을 기도하는지조차 모르는 상태에서 이상한 발음들이 흘러나왔습니다. 드디어 방언이 터진 것입니다.

나는 실망했습니다. 내가 체험한 방언에는 나의 간구도 하나님의 음성도 없었습니다. 그 뒤로는 다시는 방언을 하지 않았습니다.

적잖은 한국교회가 방언에 비중을 두고 교인들에게 강요합니다.

이런 교회일수록 귀신 쫓아내는 은사, 병을 고치는 은사 등을 중시합니다. 초자연적인 현상을 바라는 교회일수록 신비주의에 빠지게 됩니다. 심하면 방언을 하지 못하면 믿음이 작은 자로 취급되거나 구원을 받지 못한 자로 낙인이 찍히게 됩니다.

방언을 못 하는 교인들은 괴로워합니다. 믿음을 달라고, 구원해 달라고 매달립니다. 여기에서 말하는 믿음과 구원은 방언을 의미합니다.

어느 목사의 말인즉 "우리말로 기도를 하면 사탄이 기도하는 족족 주워먹어 버리기 때문에 하나님께 상달되지 못한다."고 합니다. 그래서 방언으로 기도해야 한다고 말합니다. 방언이 하나님의 언어라고도 하는데 너무나 어처구니없는 말입니다.

이런 말을 들으면 교인들은 뾰족한 부리를 가진 새를 연상하게 되며 영화에서 보았던 날아다니는 사탄을 사탄의 실체라고 믿게 됩니다.

나는 방언을 부정하지 않습니다. 나는 성경에 있는 방언을 믿습니다. 오순절날 제자들이 성령 충만함을 받고 성령이 말하게 하심을 따라 다른 방언으로 말하기를 시작했는데 예루살렘에 있던 여러 나라 사람들이 자기 나라 말로 제자들이 말하는 것을 듣고 놀라며 기이하게 생각했다(사도행전 2:4~6)는 말씀에 따르면 방언은 언어였습니다. 곧 사람들이 알아들을 수 있는 언어였던 것입니다.

제자들이 사용했던 방언은 바대인, 메대인, 엘람인, 메소보다미아인 가바도기아인, 본도와 아시아인, 브루기아와 밤빌리아인, 이집트인, 아라비아인, 그레데인, 리비아인과 로마인들의 언어였습니다. 제자들은 이들의 언어로 그 지역에서 온 이들과 소통했습니다. 제자들이 방언으로 말하자 갈릴리사람들인데 어떻게 우리의 언어로 말할

수 있는가 하며 기이하게 생각했다고 성경은 기록하고 있습니다.(사
도행전 2:9~12)

나는 방언을 하는 사람에게 묻습니다.

"당신이 하는 방언은 어느 나라 말입니까?"

아직까지 이들의 방언이 어느 다른 나라 말이라는 말을 들어 본
적이 없습니다. 그 방언을 가지고 다른 나라에 가서 복음을 전했다
는 말을 들은 적이 없습니다. 오직 교회 안에서 또는 골방에서 아무
도 알아들 수 없는 발음으로 소리를 내는 의미 없는 사운드에 불과합
니다.

성경은 방언에 관해 말합니다. "만약 통역하는 자가 없으면 교회
에서는 잠잠하고"(고린도전서 14:28)

그러나 나는 방언의 통역사를 대동한 사람을 본 적이 없습니다.
방언은 검증되지 않는, 검증할 수 없는 언어가 아닌 소리현상입니다.

이러한 방언을 사모하고 또 강요하는 것은 오히려 하나님과의 영
적 소통을 저해하는 신비주의를 부추기는 것입니다.

하나님이 귀가 어두워서 사람의 언어를 못 들으며 지혜가 짧아서
사람의 언어를 해독하실 수 없겠습니까? 하나님께서는 사람이 말하
기 전에 그 마음을 다 아시고 선하심에 응답해 주십니다.

따라서 방언에 집착하여 하나님을 골방에 가두어 버리는 어리석음
은 정상적인 믿음이라고 할 수 없습니다.

"그러나 교회에서 내가 남을 가르치기 위하여 깨달은 마음으로 다섯 마
디 말을 하는 것이 일만 마디 방언으로 말하는 것보다 나으니라." (고린도
전서 14장 19절)

47

총알이 머리를 뚫고 나간 청년의
청각을 고쳐주었다?

말기 암으로 투병하고 있는 누이동생이 치유집회에 참석하겠다며 대전에 내려왔습니다. 헬쑥해진 누이의 얼굴을 보니 반가움보다 안쓰러운 마음이 들었습니다.

평소 건강했던 누이는 병원에서 말기 위암이라는 진단을 받았을 때 절망했습니다. 여기저기 장기에 암이 전이된 상태라서 수술도 불가능하다며 의사의 권유에 따라 신약을 시험하는 치료에 마지막 희망을 걸기로 하였다고 합니다.

누이는 살던 집을 정리하고 자신이 다니던 교회의 기도실에서 기거하게 되었습니다. 목사님과 교인은 헌신적으로 누이를 돌봐 주었습니다. 누이는 몇 번이나 교인들이 형제, 자식보다 났다고 그분들에 대한 고마움을 말했습니다. 누이의 말기 암은 기적을 바랄 수밖에 다른 도리가 없었습니다. 이런 누이를 생각하면 늘 마음이 한구석이 아팠습니다. 그런데 누이는 지푸라기라도 잡고 싶은 심정이었던지 내가 살고 있는 대전의 어느 교회에서 열리는 신유집회에 온 것입니다.

집회가 열리고 있는 교회당은 전국에서 몰려온 환자들로 가득했습니다. 강사는 전혀 알아들을 수 없는 방언을 하며 환자들에게 안수를 했습니다. 안수가 끝나자 여기저기서 아픔이 사라졌다며 사람들이 간증을 하였습니다.

며칠 전에 무릎관절을 수술했다는 할머니가 절룩거리며 단상 위를 걸어 다녔습니다. 강사는 할렐루야를 외쳤고 스피커를 통해 울리는 찬송소리가 분위기를 더욱 고조시켰습니다. 간증은 계속되었습니다. 엄마가 열두어 살쯤 되는 아이를 데리고 단상에 올라왔습니다. 하룻밤 사이에 비만이었던 아들의 몸무게가 4킬로그램이나 감량되었다고 아들을 데리고 나온 엄마가 말했습니다. 강사는 아이의 헐렁해진 허리춤을 흔들어 보이며 할렐루야를 외쳤습니다. 허리가 아팠다는 사람, 귀가 잘 안 들렸다는 사람의 간증이 계속되었습니다. 오른편 귀에다 대고 총을 쏴서 총알이 반대편 귀를 뚫고 나간 청년의 청각을 치료해 주었다는 강사의 자랑을 나는 귓등으로 들으며 누이의 손을 잡고 교회당을 나왔습니다.

마치 무당의 굿판에 다녀온 듯 씁쓸한 마음이 들었습니다. 무엇보다 실망했을 누이를 생각하니 가슴이 답답했습니다.

대중 앞에서 예수의 이름으로 하는 간증은 진실해야 합니다. 그런데 강사는 자신의 신유은사에 대한 능력을 과장함으로써 한꺼번에 신뢰를 잃었습니다. 한쪽 귀에 대고 총의 방아쇠를 당겨서 살아있는 사람은 없습니다. 청각을 잃을 정도가 아니라 즉사를 하고 말지요. 그런데 그의 간증은 총을 맞아 청각을 잃게 된 청년을 치료했다는 허무맹랑한 것이었습니다. 청중은 그의 이런 간증에 "아멘"이라는 반응을 보였지만 거짓간증을 하고 있다는 것은 누구보다 자신이 가장 잘 알 것입니다.

보편적 진리를 벗어나 말은 사람들로부터 신뢰를 얻을 수 없습니다. 특히 교회에서 행해지는 거짓간증은 하나님의 영광을 가리며 그리스도를 욕되게 합니다.

신유은사를 받았다는 많은 사람의 공통적인 점은 자신의 능력을 자랑합니다. 어느 날 하나님으로부터 능력을 받았다고 말합니다. 마치 강신무가 어느 날 접신을 해서 무엇이고 뚫어 볼 수 있는 능력을 갖게 되었다는 것과 흡사합니다.

나는 현대 자연과학이 증명하지 못하는 초자연적인 현상을 부정하지 않습니다. 특히 종교적 행위에서 이런 초자연적 현상이 나타나는 것도 부정하지 않습니다.

그러나 이러한 현상을 이용해서 사람들을 미혹하는 것은 너무나 잘 못된 일입니다. 교회가 그런 일에 이용당한다면 교회 본연의 영혼 구원 목적을 이룩할 수가 없을 것입니다.

지금 내 누이에게는 지난 삶이 아름다웠다는 감사와 나머지 삶을 의미 있게 보낼 수 있도록 용기와 기도를 해줄 분이 필요합니다. 꽃이 흐드러지게 핀 매화나무 아래서 둘이 사진을 찍었습니다. 꽃잎이 눈발처럼 날렸습니다. 하나님이 허락하신다면 나는 내년 봄에도 이 자리에서 누이와 사진을 찍을 것입니다.

"거짓 그리스도들과 거짓 선지자들이 일어나 큰 표적과 기사를 보여 할 수만 있으면 택하신 자들도 미혹하리라." (마태복음 24장 24절)

48

김선일의 죽음, 예수님과 닮은 10가지

2004년 6월 22일 한국의 한 젊은이가 이라크 반미무장단체에 의해 무참하게 살해당해 시신으로 바그다드 근처에서 발견되었습니다.

충격적인 비보를 전해들은 유가족의 울부짖는 모습이 전파를 타고 나가자 곧 온 나라가 큰 슬픔에 빠졌습니다.

이역만리에서 죽은 젊은이의 짧은 생애가 티비를 통해 소개되었습니다.

기독교 신앙심이 두터운 그의 아름다운 성품과 중동에서 일하게 된 동기 등이 소개되었습니다. 그리고 그가 죽기 전에 미국 언론사인 합동통신을 통해 방영된 두 차례의 녹화영상물이 재방송되었습니다.

그는 이라크를 침공한 군인도 아니었으며 이라크에 어떠한 유해를 가한 일도 하지 않은 선량한 사람이었습니다. 오히려 그가 그 땅의 모슬렘을 사랑했다는 사실을 녹화영상물에 담긴 그의 고백에서 알 수 있었습니다. 어디에도 그가 잔인하게 죽임을 당할 이유가 없었습니다.

매스컴은 정부의 무능을 질타했으며 죽음에 이르게 된 책임을 조사한다며 검찰과 감사원이 나섰지만 속 시원한 결론은 없었습니다.

미궁에 빠진 사건일수록 많은 추측을 낳습니다. 그런데 인질로 잡혀 살해된 김선일 사건과 관련해서 그럴만한 추측을 갖게 하는 데는 당시에 한국군 추가 파병과 관련된 미국과 한국의 정치적인 입장이 있었지 않았겠느냐는 항간의 이야기가 설득력이 있게 들렸습니다.

미군 정보당국은 납치 하루나 이틀 뒤에 김선일을 납치한 단체나 그들의 요구사항을 알았음에도 한국정부에 알리지 않은 이유가 한국에서 한국군의 이라크 추가파병 논의에 영향을 주지 않으려 했던 것이 아닌가 하는 의구심과 함께 오히려 김선일이 속해 있던 미군군납업체인 가나무역에 엉뚱한 협상대상 정보를 주어 시간을 허비하게 한 의혹이 드러났습니다.

그러나 부인할 수 없는 사실은 한국군의 추가파병 결정이 미국과 싸우는 이라크의 반미 무장 단체와의 협상의 여지를 없애버린 것은 분명했습니다. 결국 한국군의 추가파병은 결정되고 김선일은 살해되었으며 기다렸다는 듯이 미국은 전 세계에 비인도적인 이 참혹한 광경을 신속하게 보도함으로써 이슬람 세계에 대한 적개심을 갖도록 했습니다.

나는 이 사건에서 아주 중요한 것을 발견하게 되었습니다. 핵심은 김선일이 그리스도를 전하기 위해 그곳에 갔으며 그가 택한 방법은 식민지시대의 공격적인 선교활동이 아닌 예수를 닮은, 예수 타입의 선교방법이었다는 점입니다.

기독교 역사를 통해 공격적인 선교활동이 인류에게 끼친 폐해가 지대했으며 그 결과 오히려 타 문화권과 대립각을 세움으로써 기독교가 전파되는 데 어려움을 겪은 역사를 감안하면 김선일의 선교방법은 공격적이며 대립적인 방법이 아니라 예수의 사랑으로 그들을 감싸안은 실천적 사랑이었음을 알 수 있습니다.

그의 죽음은 21세기 순교의 역사로 남게 되었습니다. 그런데 우연인지 몰라도 그의 죽음과 예수의 죽음에 닮은 면이 있습니다. 내용면에서 예수의 죽음이 인류를 구원하기 위해 대속자였다는 의미를 갖는데 비해 김선일의 죽음은 그 대속주를 증거하다 죽게 되었다는 점이 다르지만 형식면에서 몇 가지 공통점을 발견할 수 있습니다.

첫째, 예수와 김선일 모두 33세에 죽임을 당했습니다.

둘째, 죽임을 당하기 직전 예수는 가이샤의 군대에 의해 홍포가 입혀졌고(마태복음 27:28) 김선일은 알 자르카이의 이라크 반미 무장단체에 의해 홍포가 입혀졌습니다.

셋째, 예수는 십자가상에서 자신을 매단 이들을 용서하고 그들을 위해 하나님께 기도를 했으며, 김선일은 자신을 인질로 붙잡은 이라크인들을 사랑한다고 고백하였습니다.

넷째, 예수는 십자가처형을, 김선일은 목베임을 당하는 가장 잔혹한 죽임을 당했습니다.

다섯째, 예수님은 대제사장 종의 귀를 검으로 내려친 제자를 나무라는 등 비폭력성을 보였으며, 김선일 역시 미군의 철군을 주장하는 비폭력적인 태도를 취했습니다.

여섯째, 예수와 김선일은 폭력에 의해 희생되었습니다.

일곱째, 예수는 당시 가장 강대국인 로마 가이샤의 정치적 희생양이었고, 김선일은 현재 가장 강대국인 미국 부시의 정책에 의한 희생물이 되었습니다.

여덟째, 예수의 죽음에는 로마의 꼭두각시 헤롯의 역할이 컸습니다. 김선일의 죽음에도 미국의 꼭두각시로 헤롯의 위치에 있는 우리나라 사람이 있었습니다.

아홉째, 김선일의 죽음과 관련해서 강대국 침략정책에 적극적으로 동조한, 마치 가이샤와 같은 역할을 한 사람이 있었습니다.

열 번째, 예수와 김선일 모두 자신의 고향 사람들로부터 버린 바 되었습니다. 김선일이 돈 벌러 가 죽었는데 비통해할 것 없다는 네티즌의 글이 도배되는 대한민국은 예수의 죽음에 환호하는 유대인과 다를 바 없습니다.

선교의 꿈이 없었다면 중동에 가지 않았을, 모슬렘을 사랑하는 마음이 없었다면 아랍어를 배우지도 않았을 아름다운 청년 김선일을 잊지 않는 것도 선교의 비전을 지닌 사람들의 몫입니다.

"나는 너희에게 이르노니 너희 원수를 사랑하며 너희를 박해하는 자를 위하여 기도하라. 이같이 한즉 하늘에 계신 너희 아버지의 아들이 되리니 이는 하나님이 그 해를 악인과 선인에게 비추시며 비를 의로운 자와 불의한 자에게 내려주심이라. 너희가 너희를 사랑하는 자를 사랑하면 무슨 상이 있으리요. 세리도 이같이 아니하느냐 또 너희가 너희 형제에게만 문안하면 남보다 더하는 것이 무엇이냐. 이방인들도 이같이 아니하느냐. 그러므로 하늘에 계신 너희 아버지의 온전하심과 같이 너희도 온전하라." (마태복음 5장 44절~48절)

49

전쟁을 하나님께서 주관하신다?

일제강점기나 한국전쟁이 우리민족이 하나님 앞에 죄를 범하고 회개하지 않았기 때문에 하나님께서 일본을 들어 우리에게 벌을 내리시고 김일성을 들어 쓰셨다고 설교를 하는 목회자들을 간간이 볼 수 있습니다. 이들은 이스라엘이 죄를 범했을 때 하나님께서 이방을 들어 이스라엘을 치셨다며 구약을 들어 설명을 합니다. 모든 전쟁은 하나님께서 주관하신다고 주장하기도 합니다. 그렇게 보면 히틀러의 유대인 학살도 하나님께서 히틀러를 도구로 쓰셨다는 해석이 가능합니다. 독립운동을 한 사람은 졸지에 하나님의 사역을 방해한 사람으로 해석됩니다.

인류역사상 수많은 전쟁이 모두 하나님께서 주관하시는 사역이었다면 전쟁으로 인해 무고한 사람들의 희생과 과부와 고아의 슬픔은 어떻게 설명해야 할까요? 어떻게 하나님의 공의와 본성을 설명할 수 있을까요?

무력으로 식민지를 늘려가던 서구열강들의 살육의 역사와 1, 2차 세계대전으로 상처 입은 인류사, 이란 이라크 국가 간의 전쟁, 석유 수요자와 생산자 간의 걸프전쟁, 민족분규의 보스니아 내전, 종교의 주도권을 쟁탈하기 위한 이슬람국가들 간의 전쟁, 이스라엘과 팔레스타인 간의 갈등이 모두 하나님께서 주관하는 것일까요?

전쟁을 하나님께서 주관한다고 말하는 것은 전쟁의 비극으로 인한 고통의 눈물을 외면한 또 다른 악행입니다.

나는 유년기에 우리민족 최대 비극인 한국전쟁을 겪었고 청년기에는 베트남전쟁에 참전한 경험이 있습니다. 내가 겪은 이 두 번의 전쟁을 통해 전쟁은 하나님의 역사가 아니라 인간 속에 잠재된 악마의 역사라는 것을 알게 되었습니다.

특히 베트남 전선에서 나는 비참하게 최후를 맞이한 수많은 주검을 목도했는데 많은 젊은이들이 겨우 15센트짜리 총알에 생이 끝나버리는 허무 앞에 괴로워했습니다. 전쟁은 영화처럼 흥미로운 것이 아닙니다. 전투에서 전우들은 세상을 떠났으며 그 빈자리는 새로운 젊은이로 채워졌습니다. 인간이 한낱 소모품으로 사라져 가는 전선에서 살아있다는 것은 항상 기적처럼 느껴졌습니다.

전쟁에서 살아 돌아온 후 10년에 걸쳐 자료를 조사하고 전장에서 틈틈이 메모한 기록과 기억을 토대로 2001년에 『미완의 휴식』이라는 장편논픽션을 썼습니다.

고향을 떠나 전선에서 쓰러진 베트콩전사들은 늪지대와 산악에서 독충과 벌레들에 의해 빠르게 소멸되어 갔습니다. 전선에서 돌아오지 않는 남편을 기다리는 아내와 아들을 기다리는 어머니들에게 슬픔은 해일처럼 다가왔을 것입니다.

전쟁에서는 모든 숭고한 도덕관이나 윤리관 그리고 심오한 종교가 아무런 의미를 갖지 못합니다. 다만 많은 사람들이 자신이 왜 전장의 한복판에 서 있는지 대답을 얻지 못하는 가운데 너무나 잔인한 살육과 파괴로 인해 자신도 모르게 자학적인 전쟁광으로 변하게 됩니다.

2004년 이라크 파병을 앞두고 파병 찬반 의견이 충돌할 때 나는 고물이 다 된 낡은 승용차에 파병반대스티커를 붙이고 국회의사당이며 국방부를 드나들며 1인 시위를 한 적이 있습니다. 파병으로 인한 국익이나 당위성은 내게 관심사항이 아니었습니다. "인간이 수행할 수 있는 가장 큰 도덕은 전쟁을 거부하는 용기이다"라는 스위스 시인 할러의 말을 미처 알지 못했지만 베트남 전선에서 겪은 전쟁을 통해 나는 철저한 휴머니스트가 되어 있었습니다.

골령골은 대전 산내에 있는 야산으로 한국전쟁 당시 국민보도연맹으로 검속된 1,800여 명이 1950년 6월 28일부터 7월 17일 사이 국군과 경찰에 의해 집단으로 학살된 곳입니다.

사람이 이념이 다르다는 이유로 죽임을 당하는 것은 반인권적, 반인류적 죄악입니다. 그런데도 한국전쟁에서 좌우 이념은 전쟁 내내 살상의 기준이 되었습니다. 나는 편히 잠들지 못한 골령골의 영혼들을 생각하며 아래와 같이 「망초꽃」이라는 시를 썼습니다.

골령골 골짝에 망초꽃 피었어요
하늘을 향해 반듯이 누워있는 당신
흙 속에 머리 묻고 엎디어 있는 당신
쭈그린 채로 고개 떨구고 있는 당신

여태 집에 가지 않았어요?

당신 알지 못했던 마르크스주의로 인해

살처분 된 당신

그날, 그렇게 끌려와

시퍼렇게 눈 뜬 채로 백골이 된 당신

넋도 한이 서려 당신 곁을 떠나지를 못하고

별빛 아래 시름시름 앓던 혼불

여태 집에 가지 않았어요?

당신 거기에 두고 우린 울지 못했어요

풀벌레도 목을 놓아 우는데 우린 울지 못했어요

60년 동안 잊어버린 풀, 망초꽃 피었네요

총구멍 백골 사이로 뿌리내린 망초꽃

오늘에야 봐요

눈이 시리도록 봐요.

개신교를 탄생시킨 독일의 종교개혁자인 루터는 "전쟁은 인류를 괴롭히는 최대의 질병이다"라고 한탄했습니다. 그럼에도 불구하고 목회자들이 전쟁을 하나님의 역사라고 주장하는 것을 보면 분노가 치밉니다.

성경에는 "살인하지 말라"는 계명이 있습니다. 대량살육인 전쟁은 하나님께서 주신 계명을 정면으로 반역하는 행위입니다. 예수님도 한 생명이 천하보다 소중하다 하시며 생명을 구원하는 데 힘쓰셨습니다.

기독교가 존중을 받는 이유는 생명존중, 생명사랑, 생명유지를 담고 있기 때문입니다. 모든 생명이 하나님으로부터 받았는데 인간의 욕심으로 인해 희생되는 일은 하나님도 슬퍼하십니다.

누가 전쟁을 하나님의 뜻이며 역사라고 그의 이름을 감히 망령되게 합니까? 누가 우리의 아픈 역사를 하나님의 뜻이라고 가르칩니까?

전쟁을 하나님의 책임으로 돌린다면 "하나님은 사랑이다"는 그분의 본성과 하나님의 공의가 무너지게 됩니다. 이것은 마치 죄를 범한 아담이 "하나님이 주셔서 나와 함께하게 하신 여자 그가 그 나무 실과를 내게 주므로 내가 먹었나이다."(창세기 3장 13절)라고 하는 것처럼 하나님께 전쟁의 책임을 돌리는 악행이지요.

목회자 중에는 이방신을 섬기는 나라는 여호와의 이름으로 진멸해야 한다고 말하는 사람도 있습니다. 그래서 일어나는 전쟁이 종교전쟁인데 노인과 어린이까지 희생시키는 참혹성을 보이게 됩니다.

건강한 목회자라면 화평을 기원해야 합니다. 평화의 왕으로 오신 예수와 그 복음을 세계만방에 전하는 것도 전쟁이 없는 평화로운 세계를 구현코자 인류구원의 사역이기에 아름답습니다. 전쟁은 인간이 회개해야 할 대상이지 하나님의 역사가 결코 아닙니다. 전쟁을 하나님의 역사라고 주장하는 것은 사탄의 소리입니다.

"살인하지 말지니라." (출애굽기 20장 13절)

"그 처소는 시온에 있도다. 거기서 저가 화살과 방패와 칼과 전쟁을 깨치시도다." (시편 76편 3절)

"그가 많은 민족 중에 심판하시며 먼 곳 강한 이방을 판결하시리니 무리가 그 칼을 쳐서 보습을 만들고 창을 쳐서 낫을 만들 것이며 이 나라와 저 나라가 다시는 칼을 들고 서로 치지 아니하며 다시는 전쟁을 연습하지 아니하고 각 사람이 자기 포도나무 아래와 자기 무화과나무 아래 앉을 것이라 그들을 두렵게 할 자가 없으리니 이는 만군의 여화와의 입이 이같이 말씀하셨음이니라." (미가 4장 3절~4절)

50

만세 전에 구원받았다?

모든 것은 하나님이 예정하신 가운데 진행되고 있다고 믿게 되면 건전한 신앙생활은 어렵습니다. 바로 모든 것이 하나님의 섭리라고 생각하는 데서 기독교 운명론이 생기게 됩니다. 대표적 논리가 인간 구원에 관한 예정론입니다. 누구나 예수를 구주로 믿으면 구원을 얻는다는 만인 구원론과는 반대되는 개념인데 하나님이 만세 전부터 구원받을 자를 미리 택해 놓았다는 것입니다. 택함을 받은 자는 무슨 일이 있어도 구원을 받지만 택함을 입지 않은 자는 발버둥을 쳐 봐야 구원을 받지 못한다는 소위 기독교 운명론입니다.

오늘날 한국교회 안에는 운명론자들이 대부분입니다. 이들은 자신의 부주의나 잘못으로 생긴 어려움을 '하나님께서 연단시키려고 시험을 주셨다'는 식으로 해석합니다. 이러한 해석은 자신의 잘못을 신의 사역으로 치부해 버리기 때문에 결국 자신의 잘못을 고칠 기회를 놓치게 됩니다.

평소에 공부를 게을리해 마음먹은 대학에 진학하지 못한 학생, 실력이 없어 일자리를 얻지 못한 젊은이, 성격이 나빠 매사에 남들과

부딪히는 사람, 돈을 꾸고도 잘 갚지 않는 신용 없는 사람, 자기 것만을 챙기는 욕심이 많은 사람, 남을 험담하는 버릇 때문에 주변에 친구가 없는 사람, 부모에게 불효하는 사람, 재산상속 문제로 형제간에 원수지간이 되어버린 사람 등 자신으로 인해 발생된 잘못과 그로 인한 인생의 험로를 하나님의 뜻으로 돌리는 행위는 하나님을 욕되게 하는 행위입니다.

자신의 잘못을 하나님 책임으로 전가해 버리면 당장은 마음이 편할는지 모르지만 회개의 기회는 오지 않습니다.

그런데 시도 때도 없이 '하나님의 뜻'(?)을 내세우는 사람을 믿음이 좋은 사람이라고 생각하게 되는데 오히려 믿음이 없는 사람입니다. 교회 안에 이런 사람이 많을수록 기독교가 이기주의자들의 집단으로 매도되게 됩니다.

나는 가끔 하나님이 자신을 연단시켰다고 주장하는 목사들을 보게 되는데 그들의 간증은 주로 이런 것입니다.

"주의 종의 길로 인도하기 위해 사업을 하는 족족 하나님이 망하게 하였다."

"주의 종으로 기름 붓기 위해 이런 병 저런 병을 주셨다."

"주의 종으로 쓰시기 위해 하나님이 형제간에 불화를 조장하였다."

"주의 종으로 만들기 위해 있는 것을 하나님이 몽땅 빼앗아 갔다."

"주의 종이 되라는 음성을 듣고 환상을 보여주셨다."

과연 하나님께서 부르시는 방법이 이런 것일까? 만유를 창조하신 하나님께서 이러한 치졸한 방법으로 당신의 종으로 삼으실까요?

목사가 된 자신을 합리화시키기 위해 하나님을 괴롭히는 사람을 보면 화가 납니다. 이런 목사들로는 하나님의 나라가 확장될 수 없다는 절망감을 느끼게 됩니다.

그들이 해야 할 일은 하나님의 영광을 가린 자신의 죄와 부족함에 대한 참회가 선행되어야 합니다. 그 후에 고요히 주의 음성을 기다리는 것입니다.

부름과 소명은 동시에 이루어집니다. 갈릴리 바다에서 어부이던 베드로와 야고보, 안드레와 요한을 제자로 삼으실 때를 보십시오.

"너희로 사람을 낚는 어부가 되게 하리라"는 분명한 목표와 비전을 제시하고 있습니다. 그러자 이들은 당장 그물을 버리고 예수의 제자가 되었습니다. 이후로 이들은 평생 예수의 제자로 소명을 감당하게 되었습니다.

예수님이 그들을 제자 삼기 위해, 또는 사명을 주기 위해 사업을 망하게 했다거나 병들게 했다거나 가진 것을 몽땅 빼앗아 알거지로 만들었다든가 하지 않았습니다.

구원은 하나님의 몫이고 믿음은 우리의 몫입니다. 우리가 하나님 몫까지 이러쿵저러쿵 말하는 것은 지나치리만치 어리석음입니다. 만세 전부터 하나님은 천국을 준비하시고 우리를 사랑하사 예수 그리스도를 보내셨다는 것을 믿는 믿음이 우리의 몫입니다.

기독교에 운명론은 무의미합니다. 하나님이 구원받을 자를 미리 정해 놓았다면 우리가 할 일은 아무것도 없습니다. 영혼의 구원을 위한 어떠한 믿음도 실천도 무의미해집니다. 기독교 운명론 앞에서 교회는 힘을 잃고 세상을 변화시킬 능력을 상실한 체 사교장으로 변해 버리거나 텅 비고 맙니다.

"내가 내 몸을 쳐 복종하게 함은 내가 남에게 전파한 후에 자신이 도리어 버림을 당할까 두려워함이로다." (고린도전서 9장 27절)

"마음을 같이하여 같은 사랑을 가지고 뜻을 합하여 한마음을 품어" (빌립보서 2장 2절)

51

응답받았다는 장로님

"하나님이 집사님 집 짓는 데 도와주라고 하시네요. 집사님이 집을 짓는다는 이야기가 들려서 제가 하나님에게 기도를 했거든요. 하나님이 꼭 집사님 집을 지어드려야 한다고 말씀하시더라고요."

1980년 이야기입니다. 서울에서 내려온 지도 몇 해가 되고 직장 사택에 머물던 나는 집을 짓기로 했습니다. 대덕연구단지가 조성되던 때라서 정부출연연구기관 연구원을 대상으로 정부가 땅을 저렴하게 분양하고 저금리로 융자해주면서 집을 짓도록 권장하였습니다.

목수 일을 하는 장로님이 찾아왔습니다. 그리고 기도에 응답받았다며 아예 내 의사를 들어보지도 않고 자신이 건축을 맡아서 해야 되는 것처럼 말을 했습니다.

나는 고민이 되었습니다. 집을 잘 짓겠다는 생각보다는 장로님이 하나님께 기도를 해서 응답을 받았다고 하는데 일을 맡기지 않으면 얼마나 실망할까? 아무래도 장로님이니까 다른 사람보다 정직하겠지 하는 생각이 앞섰습니다.

"장로님이 직접 집을 지어보셨어요?"

하나마나한 질문이었지만 걱정이 되어서 내가 물었습니다. 그가 내게 자신이 지었다며 멋진 집을 보여주었습니다.

"하나님! 집을 짓도록 해주셔서 감사합니다."

내가 그에게 아직 건축을 부탁하지 않았는데 그가 내 손을 붙잡고 뜨겁게 기도를 하였습니다. 이렇게 해서 건축이 시작되었습니다.

건축은 시작부터 문제가 생겼습니다. 장로님은 설계도를 볼 수 있는 실력이 못 되었습니다. 그가 목수나 벽돌공에게 일을 시키는 것이 아니라 그들에게 끌려다녔습니다. 준공일이 한 달밖에 안 남았는데도 집은 좀처럼 모양을 갖추지 않았습니다.

나는 직장 사택에서 나와야 했기 때문에 몸이 달았지만 그는 느긋하였습니다.

"건축비용 전액을 먼저 주시면 간축자재를 저렴하게 사올 수가 있고 겨울이 오기 전에 건축을 서둘러서 마칠 수가 있는데 굳이 은행에 돈을 두실 이유가 없잖아요."

그는 내가 대출받은 돈이 은행에 있다는 것을 알고 있었습니다. 직장 사택에서 나와야 하는 처지여서 어떻게 해서라도 건축을 빨리 진행해야 했습니다. 그래서 그를 믿고 나는 통장과 도장을 그의 손에 쥐여주었습니다.

그가 은행에서 돈을 빼간 다음날로 공사현장은 문을 닫았습니다. 인부 한 사람 없는 현장은 황량했습니다. 내가 그에게 어떻게 이럴 수가 있느냐고 항의하자 그는 겨울은 공사를 할 수가 없어서 봄이 되면 집을 지어주겠다고 말했습니다.

해가 바뀌고 봄이 왔습니다. 걱정은 현실로 나타났습니다. 그가 돈을 다 써버렸다고 집을 지을 돈이 없다며 발을 뺐습니다. 내가 통사정을 해봤지만 감옥에 갈 각오가 되어 있다는 사람 앞에서는 대책이 없었습니다.

나는 그의 매형인 당회장 목사님을 찾아가 저간의 이야기를 했지만 손이 안으로 굽는다는 말처럼 목사님은 교인들에게 오히려 내가 돈을 안 줘서 공사가 진행되지 않는다고 말을 하고 다녔습니다.

할 수 없이 서울 강남에 있는 아파트를 급매로 헐값에 팔아서 직접 공사를 마무리하게 되었습니다. 집 없이 열두 번을 이사하고 허리를 졸라매고 박봉에서 적금을 넣어 마련한 아파트가 순식간에 사라지게 된 것입니다.

주일날 교회에 가면 아무 일도 없었다는 듯 문간에서 주보를 내게 건네주며 환하게 웃고 있는 그가 미웠습니다. 용서하기가 힘들었지만 용서하기로 했습니다. 나는 그 교회를 떠났습니다.

이 일이 있은 지 36년이 지나 똑같은 일이 반복되었습니다. 단지 건망증이 있어서가 아닙니다. 교인을 믿어버리는 내 마음의 밑바닥이 문제였습니다.

36년 만에 다시 집을 짓게 되었습니다. 시공자는 교회 장로였는데 그가 하청에 하청을 주어 내가 어려움을 겪게 되었습니다. 금전적으로 손해가 나는 것은 말할 나위가 없었습니다.

가장 나쁜 사람인 음향설비업체 대표였는데 대전 대흥동에 있는 침례교회에 소속된 장로였습니다. 그는 시공자에게 돈을 못 받자 나를 걸어 재판을 걸었습니다. 나는 그로부터 아무런 견적을 받은 적도 없었는데 내가 일을 시켰다며 적잖은 돈을 내놓으라는 것이었습니다.

시공자인 장로가 증인이 되어 위증을 하고 나는 억울하게도 패소

해서 그가 요구한 돈 외에 재판비용과 몇 개월간의 이자까지 합쳐 고스란히 물어주게 되었습니다. 나중에 안 사실은 그들은 그런 식으로 법을 악용하여 살아가는 사람들이었습니다.

그들이 내게 접근할 때 내세운 것은 교회 장로라는 직분이었습니다. 그들은 사기를 치면서도 계속 하나님을 팔았습니다. 그들은 이렇게 부정한 방법으로 돈을 벌어서 교회에 연보도 할 것입니다.

법은 억울한 자를 더욱 억울하게 만든다는 생각이 들었습니다. 이래서 대한민국이 싫어 이민을 간다는 말을 하는가 봅니다.

재판정에서 내가 원고인 그에게 던진 한 마디 말은 "어디 가면 장로라고 말하지 마세요." 였습니다.

"너희 중에 있는 하나님의 양 무리를 치되 억지로 하지 말고 하나님의 뜻을 따라 자원함으로 하며 더러운 이득을 위하여 하지 말고 기꺼이 하며 맡은 자들에게 주장하는 자세를 하지 말고 양 무리의 본이 되라." (베드로전서 5장 2절~3절)

52

예수님 이름으로 괴롭히는 사람들

말기 암으로 투병 중인 누이에게 병문안을 갔습니다. 누이의 옆 병상에는 얼굴이 창백한 29살의 젊은 여자가 말기 암으로 아주 힘들어 했습니다. 물 한 모금 삼킬 수가 없어서 코를 통해 영양분을 공급하는 호수를 끼고 있었습니다. 그녀는 눈뜨기조차 힘들어하며 간병하는 그녀의 어머니에게 겨우 의사표시를 하는 모습이 곁에서 보기에도 안쓰러웠습니다. 내가 위로의 말을 건네자 병원에서는 이제 포기한 상태라며 그녀의 어머니가 눈물을 흘렸습니다.

나와 이야기를 하고 있는 사이에 그녀가 다니는 교회의 권사님 한 분이 병문안을 왔습니다. 권사님은 성경을 펴들고 환자에게 말했습니다.

"하나님께서 보혜사 성령을 보내신다고 분명을 말씀하셨는데 네가 보혜사 성령을 거역해서 이렇게 된 거야"

환자는 제 몸의 통증과 싸우느라 힘겨워하는데 권사님의 문병은 2시간을 넘기고 있었습니다. 그녀는 찬송을 부르다가, 기도를 하다가, 또다시 보혜사 성령을 받으라며 끈질기게 말을 했습니다. 간호사가 들어와서 환자가 안정을 취해야 한다며 겨우 권사님을 내 보냈습니다.

젊은 나이에 말기 암으로 투병하는 사람을 보면 가슴이 먹먹하고 무슨 말을 해야 위로가 될지 생각나지가 않습니다. 기적을 믿으라고 말할 수도 없고, 더욱이 생을 포기하고 죽음을 준비하라고는 말할 수도 없습니다. 환자가 겪는 슬픔과 절망과 죽음의 공포는 어떠한 말로도 위로할 수가 없습니다.

환자가 죽음을 맞이하게 되는 것은 믿음이 부족해서라던가 성령을 받지 못해서 죽게 되는 것은 아닙니다. 하나님이 생명을 거두어 가시는 이유는 아무도 알지 못합니다.

문병 온 권사님이 보혜사 성령을 받으라고 환자를 괴롭힐 것이 아니라 환자의 손을 잡아주며 눈가에 흐르는 눈물을 닦아주었더라면 훨씬 위로가 되었을 것이라는 생각을 했습니다.

나는 오랫동안 직장 신우회 회원들과 매주 병문안을 다녔습니다. 우리가 주로 찾아간 병실은 진폐증 환자들이 집단으로 수용된 병원이었습니다. 진폐증은 채탄 시 석탄가루나 보석가공 시 미세한 돌가루가 폐에 들어가 점점 폐가 굳어지는 병인데 탄광에서 일했던 인부들이 주로 이 병에 걸리게 됩니다. 진폐증은 병세가 악화되면 호흡이 어려워서 산소 호흡기에 의지하다 죽음을 맞게 됩니다.

이들은 가난으로 인한 삶의 막장에서 얻게 된 병으로 인해 대부분 마음이 닫혀 있습니다. 이들을 상대로 복음을 전한다는 것은 어려운 일이기도 합니다. 그러나 신우회 회원들은 한 주도 거르지 않고 매주 이들을 찾아가서 기도하며 이들을 위로하였습니다.

그런데 우리의 기도가 다분히 형식적이며 주술적이었습니다. 기도는 어떠한 진정성도 찾아볼 수 없게 틀에 박힌 상투적인 언어를 쏟아 놓는 것이 고작이었습니다.

"기도발이 있는 권사님이 세게 기도를 해주세요."

인도를 하는 회원이 내게 기도를 부탁했습니다. 나는 그가 말하는 '세게'라는 말뜻을 이해할 수 없었습니다. 큰 소리로 기도해 달라는 뜻인지, 열정적으로 기도해 달라는 뜻인지 알 수가 없었습니다. 특히 '기도발'이라는 말이 마음에 거슬렸습니다.

"주님의 피 묻은 손으로 안수하시어 깨끗이 낫게 해주시옵소서." 라고 자주 기도하는 회원이 있습니다. 어떤 회원은 "머리에서 발끝까지 성령을 부어 주시옵소서."라고 기도 합니다.

이런 기도에 진폐증 환자들은 왜 주님의 손에 피가 묻었을까를 생각합니다. 왜 하필 피 묻은 손으로 안수해 달라고 할까? 피 묻지 않은 손으로 안수해 주면 안 될까? 하며 '피 묻은 손'에 대한 거부감을 갖게 됩니다.

또한 대부분의 환자들은 성령이 무엇인지를 알지 못합니다. '머리에서 발끝까지 붓는다'는 말에 어떠한 유동성이 있는 물질을 생각합니다. 특히 뜨거운 물에 화상이라도 입은 환자들은 이러한 기도에 내심으로 소스라치게 놀라기도 합니다.

하루는 문병을 갔는데 천주교 신자 한 분이 우리를 보자 반색을 하면서 기도를 해달라고 했습니다. 내가 그분의 손을 잡고 "자비로우신 야훼 하느님"이라고 기도를 시작해서 건강을 회복시켜 달라고 기원을 했습니다. 그런데 같이 갔던 신우회 회원이 내게 항의조로 말을 했습니다. "권사님, 야훼 하느님이 뭡니까? 여호와 하나님이지요."

그는 내가 마치 이방신에게 기도라도 한 것인 양 타박을 했습니다.

　같은 하나님을 구교에서는 '야훼 하느님'이라 부르고 신교에서는 '여호와 하나님'이라고 부르는데 내가 천주교 신자인 환자를 위해 '야훼 하느님'이라고 기도한 것은 전혀 문제가 될 게 없는데도 하나님의 호칭을 문제 삼는 것은 어리석은 일임이 분명했습니다.

"여호와여 의의 호소를 들으소서. 나의 울부짖음에 주의하소서. 거짓되지 아니한 입술에서 나오는 나의 기도에 귀를 기울이소서." (시편 17편 1절)

53

열다섯 살의 고민

어머니는 성직자를 만들겠다며 14살의 어린 나를 성경학교에 다니도록 했습니다. 나를 사랑했던 할머니의 소원이기도 했다며 어머니는 내 머리를 쓰다듬어 주었습니다.

나는 불평하지 않았습니다. 나는 일반 교과서 대신 두꺼운 성경과 성경주석 그리고 교회사와 같은 책을 가방에 넣고 다녔습니다.

공부는 따분하고 재미가 없었지만 가물거리는 할머니에 대한 추억과 할머니의 소원을 내가 이루어 드리고 있다는 생각으로 묵묵히 성경학교를 다녔습니다.

함께 공부하는 클래스메이트는 대부분 어른들로 인근의 농촌이나 섬에서 온 사람들이었습니다. 성경학교는 정부가 인정하는 정규과정이 아니었기 때문에 입학은 수월했습니다. 그렇다고 해서 아무나 쉽게 들어갈 수 있는 것은 아니었습니다. 성경학교에 입학하기 위해서는 목사의 추천장이 필수적이었습니다. 당시에는 요즘처럼 교회가 많지 않았었고 목사도 많지 않았기 때문에 추천장을 받는 일은 용이치 않았습니다.

대부분 농어촌교회에서 신앙의 심지가 곧고 남에게 지탄을 받지 않는 흠이 없는 젊은이들이 추천되었습니다. 경우에 따라서는 가정 형편이 어려워서 배움의 기회를 놓쳤던 사람들이 성경학교에 들어왔습니다. 이들에게 성경학교는 세상으로 나가는 유일한 통로였던 것입니다.

기숙사 생활은 엄격했습니다. 이들은 세속적인 생활을 접고 묵상과 기도 그리고 성경을 읽는데 많은 시간을 보냈습니다. 4학년 본과 학생이 되면 목사처럼 근엄했습니다. 기쁜 일에 함부로 박장대소하거나 슬픈 일에 쉽게 눈물을 보이지 않도록 훈련을 받았습니다.

학교는 성령이 충만한 생활을 요구했고 학생들은 문화에 대한 욕구와 젊음에 대한 욕망을 떨쳐버리기 위해 금식과 기도에 열심을 냈습니다.

새벽은 이들의 방언기도로 가득했습니다. 마치 그 기도소리는 양철지붕에 떨어지는 우박 같기도 하고 한여름 팽나무에서 우는 떼매미 울음소리처럼 무의미하게 들렸습니다.

학생들에게 강요되는 금욕생활은 엉뚱하게도 기혼학생의 성생활을 죄악시할 정도로 성에 관해 엄격했습니다.

교회는 성경학교를 선지학교라고 불렀으며 겨우 입학한 지 1년이 지난 열다섯 살의 애송이였던 나에게 설교를 부탁하는 교회도 있었습니다.

담 넘어 아이스케이크를 사 먹고 싶은 어린 나를 나이가 많은 급우들은 꼭꼭 '김 선생'이라 불러주었습니다. 나는 이들을 형이나 누나처럼 따랐는데 방학이 되면 이들의 고향에 초대받아 가기도 했습니다.

설교를 받아 적어오는 것이 학교의 숙제였기 때문에 어느 날 나는 부흥회에 갔습니다. 부흥회가 열린 교회는 목포에서 상당히 큰 규모였지만 당시에는 마이크가 없었습니다.

마이크가 없이도 부흥강사의 목소리는 쩌렁쩌렁 울렸습니다. 사람들은 그가 유명한 사람이라고 했습니다. 흰 두루마기를 입은 그가 크게 몸짓을 하며 말했습니다.

"육신은 죄의 덩어리입니다. 이 죄의 덩어리를 가지고는 영혼이 깨끗해질 수가 없습니다. 영혼이 더러우면 천국에 갈 수가 없습니다."

여기저기서 아멘과 할렐루야 소리와 함께 흐느끼는 소리도 들렸습니다.

"육신에는 정욕을 불러오는 사탄의 주머니가 있는데 이것을 없애야 영혼이 깨끗해집니다.

그래서 나는 섬에 들어가서 정욕을 없애기 위해 이것으로 거세를 했습니다. 할렐루야!"

그는 손을 높이 들었고 손에는 놀랍게도 사금파리가 쥐어져 있었다.

나는 그의 설교를 받아 적었는데 그가 영혼을 깨끗하게 하려고 행동(?)으로 옮긴 소위 '거세(去勢)'라는 말의 뜻을 몰랐습니다.

곁에 있던 나이 많은 클래스메이트에게 내가 물었더니 그가 웃으며 "고 말은 불알을 깠다는 것이여…." 하고 말뜻을 알려주었습니다.

그 후 얼마 동안 나는 고민했습니다. '불알을 까야 영혼이 깨끗해진다는데' 어떡해야 할지가 열다섯 살의 나를 고민하게 만들었습니다.

성경의 구약 중 모세가 기록한 5권의 모세오경을 공부하는 중에 나는 기어이 이 난제에 관해 질문을 하게 되었습니다.

수업시간이 끝나갈 무렵 나는 용기를 내서 손을 들었습니다.

"목사님! 불알을 안 까도 천국에 갈 수 있을까요?"

갑작스런 나의 질문에 한동안 침묵이 흘렀지만 침묵은 오래가지 않았습니다. 여기저기의 끽끽거리는 웃음소리가 들려왔습니다. 여학생들은 고개를 숙인 채 부끄러움에 붉은 얼굴이 되었습니다.

그와 동시에 목사님의 손이 교탁을 내리쳤습니다.

"이봐요. 무식하게 불알이…. 거세라고 해야지…. 무식한 놈! 한심한 놈!"

노기에 찬 목사님의 호통이 내 머리에 떨어졌고 더 이상 아무도 웃지 않았습니다. 그때 내게 '거세'라는 어려운 말은 떠오르지 않았고, 그 질문은 절실한 고민거리였기에 물어본 것이었는데 그토록 야단을 맞게 될 줄은 정말 몰랐던 것입니다.

수업이 끝난 뒤까지 나는 고개를 파묻고 울었습니다. 그 말이 왜 야단을 맞아야 하는지 알 수가 없었습니다. 문제는 야단을 맞고도 답을 얻지 못했다는 것입니다.

얼마 지나지 않아 나는 스스로 답을 얻게 되었습니다. 불알과 천국은 아무런 상관이 없다는 것을, 만약 상관이 있다면 천국에는 여자만 득실거릴 것이라는 생각이 들었습니다. 예수님의 가르침 중에는 그 엉터리 부흥사가 말한 내용이 한 군데도 없다는 것을 알고는 안심이 되었습니다.

"거기에는 헬라인이나 유대인이나 할례파나 무할례파나 야만인이나 스구디아인이나 종이나 자유인이 차별이 있을 수 없나니 오직 그리스도는

만유시요 만유 안에 계시니라.” (골로새서 3장 11절)

54

좁은 길로 가라고 해서 논둑길로만 다녀

내 유년시절은 교회에 대한 추억이 많습니다.

그중 하나가 논둑길에 관한 추억입니다. 교회는 오리가 넘었습니다. 어린 아이가 걷기에는 조금은 먼 길이었습니다. 세 살 위 누나를 따라서 채 일곱 살이 되기 전부터 다녔습니다. 집에서 교회까지는 오리길이지만 고개를 두 개씩이나 넘어야 했습니다.

교회 근처에는 수령이 500년이 넘는 거대한 팽나무 고목들이 있었습니다. 여름이면 팽나무에 가려 교회의 종탑만 겨우 보였고 자지러지게 울어대는 매미 소리에 주일학교 선생님들의 말이 들리지 않았습니다. 한여름이면 교회당의 더위를 피해 팽나무 그늘 아래서 꼬맹이들은 분반공부를 했습니다.

당시에 교회학교 선생님들은 겨우 국문을 읽을 수 있는 정도의 시골 청년들이었고 아이들을 가르칠 만한 교재가 있는 것도 아니었습니다. 교회가 아이들에게 공짜로 나누어 줄 수 있는 것은 전도용 쪽복음인 요한복음이나 「박군의 심정」이라는 제목이 붙은 서너 장 분량의 전도지가 전부였습니다.

「박군의 심정」은 글자라고는 없는 간단한 그림이 그려져 있었던 것으로 기억됩니다. 첫 쪽에는 하트 모양의 박군의 마음에 뱀과 염소와 사자 같은 그림이 그려져 있고 두 번째 쪽에는 박군의 마음에 빛나는 십자가와 비둘기와 양이 그려져 있었던 그림입니다. 그러니까 예수를 받아들이기 전 상태의 박군을 지배한 마음은 거짓과 교만과 사나움이었지만 예수를 영접한 이후 박군은 평화와 안식, 순종하는 마음으로 변했다는 내용이지요. 재미있는 것은 잔뜩 찌푸리던 박군의 표정이 환한 웃음을 띤 표정으로 바뀌게 되는 그림이 오랫동안 기억에 남을 정도로 인상적이었습니다. 선생님은 박군처럼 예수님 말씀에 순종해야 천국에 갈 수 있다고 말했습니다. 나는 기도했습니다. 그래서 나는 박군처럼 예수님을 영접하게 해달라고 간절히 기도했습니다.

어느 여름날 팽나무 밑에서 어린 나는 전도사님으로부터 설교를 듣게 되었습니다.

"좁은 문으로 들어가라 멸망으로 인도하는 문은 크고 그 길이 넓어 그리로 들어가는 자가 많고 생명으로 인도하는 문은 좁고 길이 협착하여 찾는 이가 적음이라."(마태복음 7장 13~14절)

무슨 말을 들었는지는 기억에 없지만 어린 내 마음에 화살처럼 박히는 말은 좁은 문과 좁은 길로 가라는 전도사님의 말이었습니다. 나는 박군처럼 되고 싶었기 때문에 전도사님이 당부한 말은 꼭 지켜야겠다고 마음을 먹었습니다.

좁은 문으로 들어가는 것은 전혀 걱정이 되지 않았습니다. 우리 가족이 살던 초라하기 그지없는 초가는 문들이 작고 좁아서 어른들은 허리를 굽혀야 출입이 가능했기 때문에 좁은 문으로 들어가는 것은 문제가 없었습니다. 그날 이후 나는 즐겁게 좁은 문을 부리나케 드나들었습니다.

문제는 좁은 길로 다니는 것이었습니다. 학교도 교회도 모두 신작로로 다녀야 했기 때문에 걱정이 되었습니다. 나는 앙증스러운 깍지를 끼고 좁은 길을 달라고 기도했습니다.

전도사님은 내 고민과는 아랑곳하지 않고 기회가 있을 때마다 좁은 길로 가라는 말을 했습니다. 그러나 학교나 교회는 신작로를 통해서 갈 수밖에 없었기 때문에 나는 울먹이면서 전도사님을 찾아가 더듬거리며 말을 했습니다.

"전도사님! 꼭 좁은 길로 가야 하나요?"

"암, 넓은 길로 가면 멸망하는데….”

그가 건성으로 대답했습니다.

결국 나는 좁은 길을 택했습니다.

학교에 갈 때에는 동네를 빙 돌아 골목길을 지나고 과수원 담장인 탱자나무 울타리 밑을 지나 미나리방죽 둑길을 지나 논둑길을 지나 밭둑을 지나 겨우 학교 교문에 당도했습니다. 시간도 시간이지만 밭둑을 지날 때는 동네 어른들이 야단을 칠 것만 같아 조마조마했습니다.

교회를 갈 때에도 논둑길을 택해 한없이 먼 길로 돌아가야 했습니다. 그런 나를 누나는 이상하게 생각하고 소리를 질러댔지만 나는 누나에게 끝까지 그 이유를 말하지 않았습니다. 믿음은 비밀스런 것이라고 했기에 누구에게도 말하지 않았습니다.

동네 애들이 이런 나를 보고 놀려댔으며 학교에 소문이 나서 이웃 동네 애들까지 나를 비웃었지만 나는 잘 참았습니다. 좁은 길로 갈 때에는 고난이 따른다고 들었기 때문에 박군처럼 되기 위해서는 어떤 고난도 참아야 된다고 마음을 다졌습니다.

유년시절을 지나 커가면서 나는 성경에서 말한 좁은 문과 좁은 길의 의미를 알게 되었습니다. 그리고 내 추억 속의 좁은 문과 좁은 길을 생각하면 언제나 웃음이 번집니다. 전도사님이 설명만 자세히 해주었다면 그런 고생은 안 하는 것이었는데 하는 아쉬움도 오랫동안 갖게 되었습니다.

그때는 아무도 좁은 문과 좁은 길이 방문이나 논둑길이 아니고 인생의 행로라는 것을 알려주지 않았습니다.

"좁은 문으로 들어가라 멸망으로 인도하는 문은 크고 그 길이 넓어 그리로 들어가는 자가 많고 생명으로 인도하는 문은 좁고 길이 협착하여 찾는 자가 적음이라." (마태복음 7장 13절~14절)

55

밴댕이 창자보다 작은 믿음

이 이야기는 내가 타 종교에 대해 얼마나 배타적이었는가? 내가 얼마나 독선적인 기독교인이었는가를 말하려는 데 있습니다. 나는 생각할수록 어리석기 짝이 없었습니다.

오래전에 직장 동료들과 전주 근처의 위봉산이라는 곳으로 야유회를 갔습니다. 이 산에는 조선시대에 축성한 산성이 있는 곳으로 유명합니다. 사적 제471호로 지정된 이 산성은 전주 경기전(慶基殿)에 있는 태조 이성계의 영정과 위패를 유사시에 옮기기 위해 1675년 숙종 때 축성하기 시작하여 130년이 지난 1808년 순종 때에 중수한 산성입니다. 이 성 안에는 전주 8경의 하나인 위봉사라는 백제 때 건축한 고찰이 있습니다.

그날, 동료들보다 먼저 그곳에 도착한 나는 사찰로 들어가는 다리 위에 자리를 잡고 계곡물과 어우러진 한 폭의 그림을 그리기 위해 화대를 펼치고 앉아 있기를 한나절, 오기로 한 동료와 길이 엇갈려 요깃거리를 미처 준비하지 못한 나는 온종일 굶어야 했습니다. 뱃속은 시장기가 돌았지만 산중이라서 음식을 사 먹을 곳이라고는 한 군데도 없었습니다.

금강산도 식후경이라고 뱃가죽이 등짝에 붙을 상태로 배곯이를 하고서는 그림인들 잘 될 리가 없었습니다.

그때 마침 비구니 한 분이 이 중생의 초라한 그림을 구경이라도 하려는 듯 내게 다가왔고 나는 기회다 싶어 염치불구하고 말을 붙였습니다.

"스님! 밥 있으면 좀 주세요."

비럭질을 해도 품바타령으로 요령을 피워야 하는 건데 불쑥 내민 첫 마디가 밥을 달라고 하니 스님이 어처구니가 없다는 듯 나를 쳐다봤습니다. 배가 고프면 몰염치해지나 봅니다.

"스님! 절간에 밥 없을까요?"

스님은 빙긋이 웃더니만 법당 쪽으로 가버렸습니다. 나는 혼자 생각하길 '얼굴은 예쁜데 아깝다 벙어리 스님인가 보다. 벙어리면 귀머거리일 거고. 애고, 하필 귀머거리냐?' 하고 한숨을 내쉬었습니다.

그런데 법당 쪽에서 연락이 왔습니다. 들어와서 공양을 하라는 것입니다. 공양이라는 말이 절간에서 밥을 먹는다는 뜻으로 쓰인다는 것을 그때 처음으로 알게 되었습니다.

나는 내게 말을 전하러 온 학승에게 물었습니다. 말을 전한 비구니가 벙어리가 아니냐며 물었더니 벙어리거나 귀머거리가 아니라 올해로 3년째 묵언(黙言) 수도하는 스님이라고 학승이 대답을 했습니다. 말을 하고 싶어 입은 또 얼마나 간지러울까? 하는 빗나간 생각을 하면서 허기진 배를 움켜잡고 학승이 안내하는 절간 부엌에 쭈그리고 앉았습니다.

오이짱아지, 가지절임 등 하나같이 절간의 반찬은 소금에 절인 것들뿐이었습니다. 시장이 반찬이라고 마파람에 게눈 감추듯 밥 한 공기를 비우고 나서 샘물로 짠맛을 헹구어 냈습니다. 밥만 훌쩍 먹었던 것이 아닙니다. 평생 버릇이 되다시피 한 식사 전에 드리는 감사의 기도를 그날은 밥을 지어준 보살들이 보는 앞이라서 하는 둥 마는 둥 기도 역시 마파람에 게눈 감추듯 감았다 뜨면서 속으로 황급하게 "하나님 아시죠?" 하고 밥그릇을 움켜잡았던 기억이 있습니다.

절간의 보살 앞이라 해서 눈치 보느라 기도를 못 한 내 모습이 아무래도 뒤가 켕기는 판에 고맙다는 말도 못하고 도망치다 싶이 절간을 빠져나오는데 칠흑처럼 어두운 건너편 마을 쪽 교회당에서 차임벨 소리가 들려왔습니다.

아마도 마을교회에서 수요일 밤 기도회를 알리는 차임벨 소리인 듯했습니다.

"주여~ 주여~ 내 발 붙드사 죄인 오라 하실 때에 날 부르소서."

찬송가는 산골마을 깊이깊이 울려 퍼졌습니다.

대부분의 기독교인이 그렇듯이 나는 타 종교에 대해 배타적인 소위 모태신앙이었기 때문에 성장과정에서 타 종교를 이해하는 기회가 없었습니다.

어머니가 내게 교회가 아닌 종교는 마귀 종교라며 멀리하라고 당부했기 때문에 유년시절에 집 근처에 있는 성당에도 가본 적이 없었다.

산을 오를 때도 절간이 있는 길은 일부러 피해 다닐 정도로 외골수 보수적인 신앙을 가지고 있었기 때문에 배가 고파 절간에서 밥을 얻어먹은 사건은 당시 나로서는 배교를 한 것처럼 느껴졌습니다.

교회의 차임벨은 "죄인 오라 하실 때에 날 부르소서."라는 곡이 끝나고 "돌아와, 돌아와 맘이 곤한자여~"가 조용한 산골마을에 울러 퍼지고 있었습니다.

그 찬송가는 영락없이 절간에서 밥을 얻어먹은 나를 꾸짖고 있는 것처럼 들렸습니다. 차임벨 찬송소리는 죄인인 나를 부르는 것만 같았습니다.

나는 그림도구를 팽개치고 칠흑 같은 어둠을 헤집고 차임벨 소리가 나는 쪽을 향해 걸음을 옮겼습니다. 짙은 어둠 때문에 길을 분간할 수가 없었습니다. 밭두렁과 논두렁에 걸려 넘어지면서 겨우 찾아간 시골 교회당에는 이미 목사의 설교가 반쯤 진행되고 있었습니다.

온통 진흙투성이가 되어 나타난 외지인을 목사는 이상한 눈으로 바라보았습니다.

중년의 나이에 어린애처럼 나는 훌쩍훌쩍 울기 시작했습니다.

"주여! 용서해 주세요. 우상을 섬기는 절간에서 밥을 얻어먹은 죄를 용서해 주세요."

목사는 전혀 예상하지 못한 이 진귀한 장면을 보면서 무슨 생각을 했는지 알 수 없지만 나는 통회하는 심정으로 눈물콧물을 흘리며 기도를 했습니다.

시간이 지나고 좀 더 성숙한 기독교인이 된 후로 위봉사에서 밥을 얻어먹고 교회에서 가서 울었던 일을 생각하니 절로 웃음이 나왔습니다.

그때 하나님도 웃으셨을 것입니다.

밥을 얻어먹던 절간에서 내가 떳떳하게 기독교인이라고 밝히면서 일용한 양식을 주셔서 감사하다는 기도를 드렸더라면 얼마나 당당해 보였을까요?

하나님이 내려주신 식물은 절간이고 산중이고 그곳이 어디든 감사하며 먹을 수 있는 성숙한 신앙심이 없이 편협하고 부족하여 그로 인해 나 자신을 괴로움에 내어준 어리석음을 순전하다고 할 수는 없는 노릇입니다.

"그러므로 우상의 제물을 먹는 일에 대하여는 우리가 우상은 세상에 아무것도 아니며 또한 하나님은 한 분밖에 없는 줄 아노라." (고진도전서 8장 4절)

"음식은 우리를 하나님 앞에 내세우지 못하나니 우리가 먹지 않는다고 해서 더 못 사는 것도 아니고 먹는다고 해서 더 잘사는 것도 아니니라." (고린도전서 8장 8절)

56

영혼을 흔드는 이단들

교회가 타락하면 극성을 부르는 것이 이단들입니다. 이단은 먼저 목회자들을 미혹합니다. 목회자와 교인은 목자와 양 같아서 목회자가 이단에 넘어가게 되면 교인들의 영혼을 그대로 이리에게 넘겨주게 됩니다.

이단은 신유은사를 복음의 전체인 것처럼 여기는 목회자에게는 귀신론으로 다가가며 부정적인 시각으로 세상을 바라보는 목회자에게는 말세론을 들고 다가섭니다. 사탄의 무기는 거짓말인데 이단은 거짓을 진실인 것처럼 포장하여 미혹합니다. 사탄은 하와를 미혹할 때와 같은 방법을 사용합니다. 하나님은 사람에게 선악과를 먹지도 말고 만지지도 말라며 먹는 날에는 죽는다고 말하지만 사탄은 결코 죽지 않는다고 말합니다. 오히려 선악과를 먹으면 눈이 밝아져 하나님과 같이 된다고 거짓으로 미혹합니다.

1992년 가을로 접어드는 어느 날, 그간 함께 직장 신우회에서 열심을 내던 후배가 찾아왔습니다. 10월 28일에 휴거가 일어난다며 내게 준비를 하라는 것이었습니다. 세상 사람들과 모든 인연을 끊고 재산을 정리해서 사람들에게 나누어주고 휴거에 대비하고 있으라는 이야기입니다.

나는 그가 걱정되었습니다. 어려움 가운데서도 공학박사 학위를 취득해서 나름대로 연구원 생활을 잘하고 있던 그가 잘못된 결정으로 직장을 그만두면 어떻게 하나 하는 걱정이 들었습니다.

그는 틀림없이 휴거가 일어난다며 자신이 다니는 교회 목사님을 비롯해서 온 교인들이 매일 밤 철야기도회를 하고 있다고 했습니다. 자신의 아내가 새벽에 천사의 나팔소리를 들었다고도 했습니다. 나는 그가 철길 가까이에 살고 있기 때문에 기차의 기적소리를 아내가 잘못 듣고 천사의 나팔소리라고 하는 것이 아니냐고 말했더니 화를 내면서 자신은 나를 생각해서 휴거에 대비하라고 말한 것이라고 했습니다. 전할 것을 분명히 전했다며 일어서는 그의 옷자락을 잡고 휴거를 할 때 하더라도 직장은 절대로 그만두지 말라며 내가 간곡하게 부탁했습니다. 그리고 1992년 10월 28일에 아무 일도 일어나지 않고 지나갔습니다.

그는 이 일로 시험에 빠졌습니다. 다니던 교회를 그만두고 신우회에도 나오지 않았습니다. 어디 그뿐이었겠습니까? 그의 아내를 비롯한 가족과 교인들이 받았을 충격은 어찌했겠습니까? 대부분 그처럼 교회를 떠났던지 믿음을 포기했을 것입니다.

세기말의 사기극 이장림의 휴거드림으로 인해 전국 도처에서 피해를 본 사례를 조사한 기사를 보니 재산을 잃거나 가정이 깨지는 경우가 많았습니다.

어느 철도공무원은 퇴직금을 전부 다미선교회에 바쳤으며 다미선교회에 집을 팔아 바치거나 전세금을 뽑아 바치고 결국 길거리에 나가 앉은 사람이 수도 없이 많았으며 학교를 나가지 않고 다미선교회에 나가는 것을 부모가 만류하자 자살을 해버린 학생도 있었습니다.

성경에는 마지막 날은 천사도 모르고 오직 하나님만이 아신다고 했는데 말씀에 서 있지 않았기 때문에 이런 어처구니없는 미혹에 빠졌던 것입니다.

이단은 타 종교가 아니라 성경을 잘못 해석하거나 처음부터 불순한 목적으로 생기게 됩니다. 특히 교회가 부패하고 타락하면 이단들이 교인을 미혹하기 쉽습니다. 교회가 세속화될 때 이리는 양의 무리에 섞여 양을 유린합니다. 대표적인 이단이 신천지의 추수꾼입니다. 문선명의 통일교나 박태선의 전도관 같은 것은 쉽게 이단으로 구별되기 때문에 멀리하면 되지만 구원파, 다미선교회, 장막성전, 이재록의 만민교회, 김기동의 베뢰아 성락교회, 정명석의 JMS, 안상홍의 하나님의 교회 세계복음선교회, 그 외에도 셀 수 없을 정도의 많은 이단이 교인을 미혹하고 있습니다.

문제는 또 있습니다. 우리 속에 자리 잡고 있는 이단적인 요소가 이단적인 사유를 갖게 만듭니다. 대표적인 사례가 기복신앙인데 무병장수, 내세의 공덕, 자손의 번창과 안위를 위해 비는 것인데 천지신명의 자리에 여호와 하나님을 올려놓고 밤낮으로 기원하는 것을 들 수 있습니다.

그런데 이런 토속 샤머니즘이 슬그머니 교회에 들어와 자리를 잡았는데 이제는 목회자들이 앞장서서 교인들의 기복을 대신 빌어주고 있는 현실이 되었습니다.

성경은 섬기는 종이 되라고 말씀하고 있는데 교회는 꼬리가 되지 말고 우두머리가 되라고 가르치며 이를 기원합니다.

　이단을 피하는 방법은 우선 좋은 목회자를 만나야 합니다. 재물에 관심이 없고 경건한 삶의 태도와 흔들림 없는 믿음을 지닌 목회자를 만나는 것이 매우 중요합니다. 또한 교회가 든든히 진리에 서 있는가, 친목과 사교만을 중요하게 생각하는가를 봐야 합니다. 건강한 믿음생활은 이단들이 우리의 영혼을 흔들지 못하도록 스스로 말씀에 기초한 믿음이 중요합니다.

"사랑하는 자들아 우리가 일반으로 받은 구원에 관하여 내가 너희에게 편지하려는 생각이 간절하던 차에 성도에게 단번에 주신 믿음의 도를 위하여 힘써 싸우라는 편지로 너희를 권하여야 필요를 느꼈노니, 이는 가만히 들어온 사람 몇이 있음이라. 그들은 옛적부터 이 판결을 받기로 미리 기록된 자니 경건하지 아니하여 우리 하나님의 은혜를 도리어 방탕한 것으로 바꾸고 홀로 하나이신 주재, 곧 우리 주 예수 그리스도를 부인하는 자니라." (유다서 1장 3절~4절)